Das große Strickmuster 1x1

Die schönsten Ajour-Muster

Das große Strickmuster 1x1

Ines Kollwitz

Die schönsten AJOUR MUSTER

Band 2

CV

Inhalt

Ajourmuster

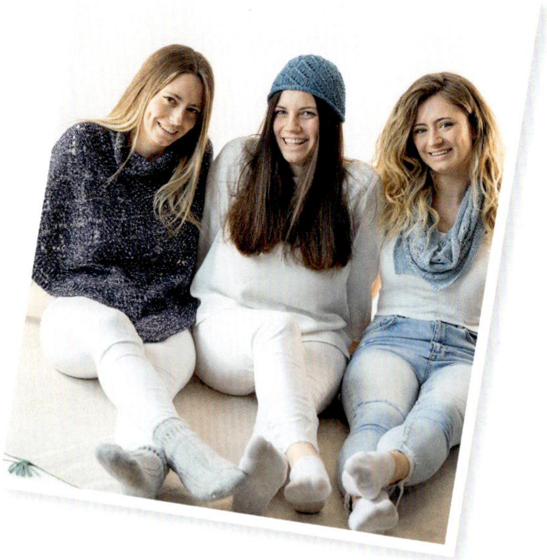

Projekte

Vorwort

Ajourmuster!

Das Wort Ajour kommt aus dem Französischen und bedeutet „Durchbruch" oder „Öffnung". Im Deutschen heißen Ajourmuster schlicht Lochmuster und im Englischen Lace Muster. Ajourmuster reichen von einfach bis anspruchsvoll. Die Löcher entstehen durch das Abstricken von Umschlägen. Neben rechten und linken Maschen müssen Sie dazu nur noch zwei oder mehr Maschen auf verschiedene Weise zusammenstricken können. Für Anfänger hört sich das zunächst kompliziert an, ist es aber gar nicht.

In diesem Buch habe ich verschiedene Muster ausgewählt, die mir sehr gefallen. 12 der Muster finden sich auch in den Modellen wieder. So können Sie sie gleich ausprobieren. Die Projekte und Muster sollen Sie aber auch anregen, einmal selbst zum Designer zu werden und ein eigenes Projekt zu entwickeln.

Für Ajourmuster können Sie jedes beliebige Garn verwenden. Spielen Sie ruhig mit verschiedenen Qualitäten und Nadelstärken. Dasselbe Lochmuster wirkt dann vielleicht noch einmal ganz anders. Grundsätzlich verwende ich bei Lacemustern größere Nadelstärken als auf den Banderolen angegeben. Ich nehme meist zwei bis drei Nummern größer, damit das Muster schön zur Geltung kommt. Metallnadeln mit feinen Spitzen erleichtern das Zusammenstricken von Maschen. Und bei größeren Strickprojekten mit mehreren Rapporten oder Mustern kennzeichne ich mir gerne den Beginn eines neuen Rapportes oder einen Musterübergang mit je einem Maschenmarkierer. So behält man leichter den Überblick über Maschen und Muster.

Ich wünsche Ihnen sehr viel Freude mit diesem Buch und beim Nachstricken der Ajourmuster und der Modelle!

Eine kreative Zeit wünscht
Ines Kollwitz

Über die Autorin

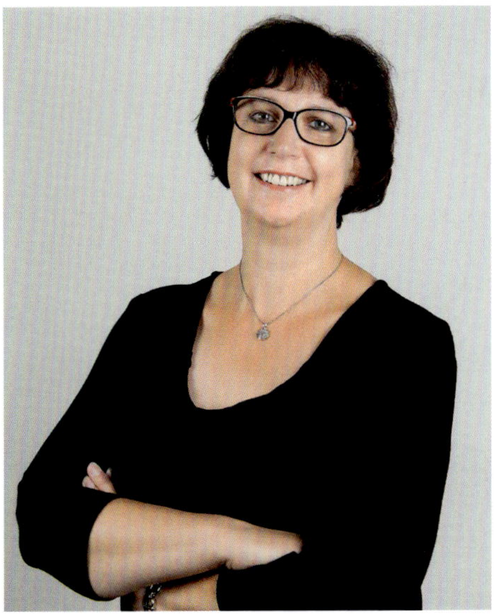

Folgen Sie mir auf Instagram unter ines.kollwitz (https://www.instagram.com/ines.kollwitz/) und verlinken Sie Ihre Strickprojekte mit @ines.kollwitz. Darüber würde ich mich sehr freuen. Mein Strickblog (www.will-stricken.de) sagt schon durch seinen Namen, worum es geht. Ich tüftele immer wieder an neuen Inhalten, Ideen, Tutorials und vielen praktischen Tipps & Tricks, um meinen Lesern das schönste Hobby der Welt näherzubringen. In meinem Strickshop (www.ines-kollwitz.de) finden Sie alle meine Einzel-Strickanleitungen zu Accessoires, Home-Deko, Kleidung und Kuscheltieren. Schauen Sie doch mal vorbei!

Umschläge, Abnahmen und Ajourmuster

Ajourmuster entstehen, wenn man Umschläge und Abnahmen miteinander kombiniert. Durch das Abstricken eines Umschlags entsteht eine neue Masche über einem umstrickten Loch. Die Maschenzahl erhöht sich um die neue Masche eines Umschlags.

Beim Zusammenstricken von Maschen reduziert sich dagegen die Maschenzahl. Je nachdem, wie viele Maschen zusammenstrickt werden und auf welche Art, entstehen unterschiedliche Musterelemente in den Ajourmustern, in denen sich Umschläge und Abnahmen in der Regel ausgleichen, sodass die Maschenzahl insgesamt unverändert bleibt.

Die folgenden Ajour-Musterelemente werden in diesem Buch verwendet:

Umschlag ○

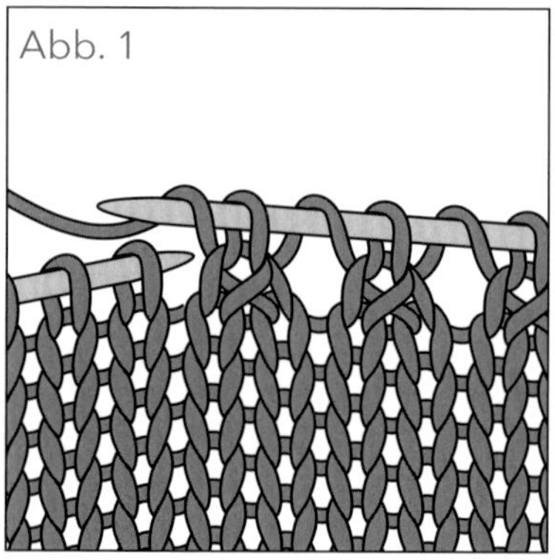

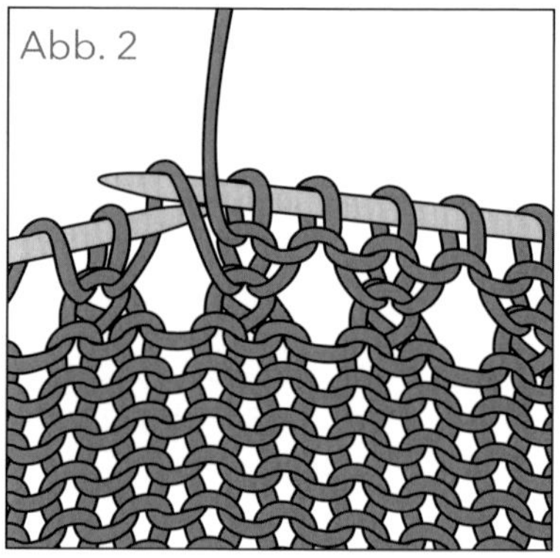

Den Faden von vorne nach hinten über die rechte Nadel legen. Abb. 1. In der Rückreihe die Umschläge wie alle übrigen Maschen im Muster stricken. So entsteht ein Loch in der Maschenstruktur, das sich nicht mehr aufzieht. Abb. 2.

2 Maschen rechts zusammenstricken /

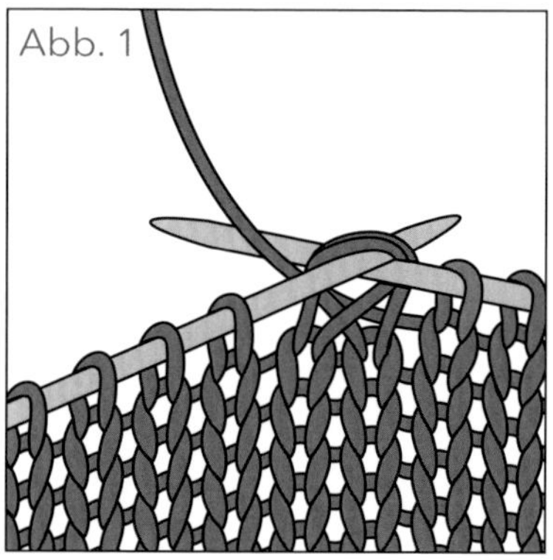

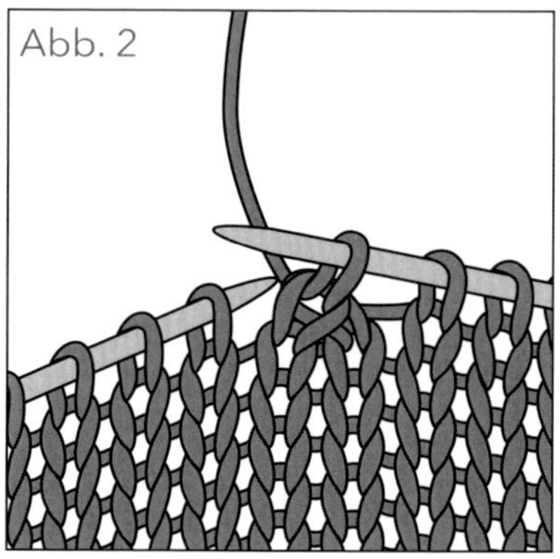

Der Faden liegt hinter der Arbeit. Mit der rechten Nadel von links nach rechts wie zum Rechtsstricken in die beiden Maschen zugleich einstechen. Abb. 1. Den Faden holen und nach vorn durch beide Maschen ziehen. Die Maschen von der linken Nadel gleiten lassen. Die Abnahmemasche neigt sich im Maschenbild nach rechts. Abb. 2.

Einfacher Überzug

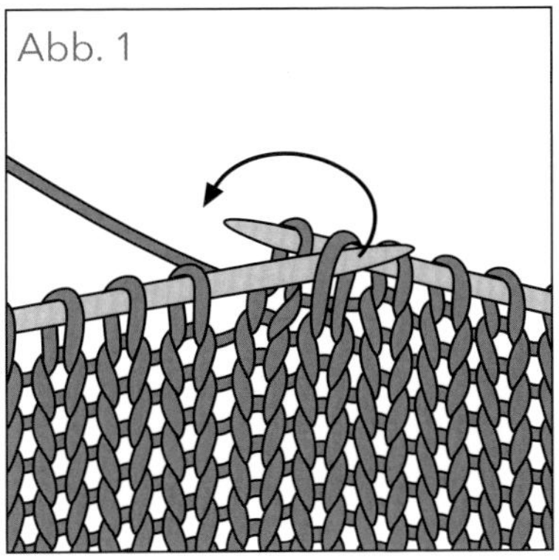

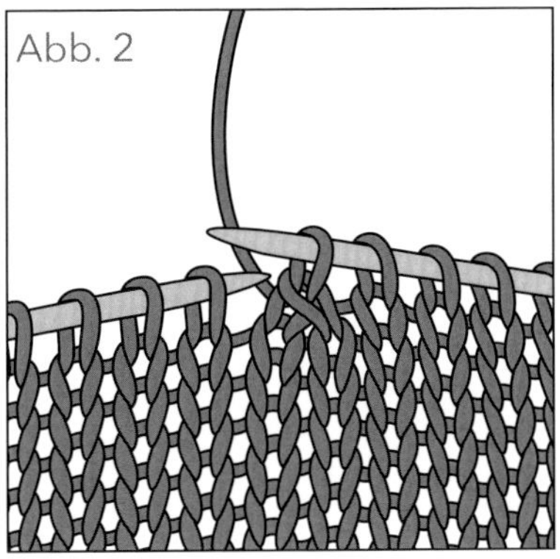

1 Masche wie zum Rechtsstricken abheben und die folgende Masche rechts stricken. Dann die abgehobene Masche darüberziehen. Abb. 1. Die Abnahmemasche neigt sich im Maschenbild nach links. Abb. 2.

Doppelter Überzug

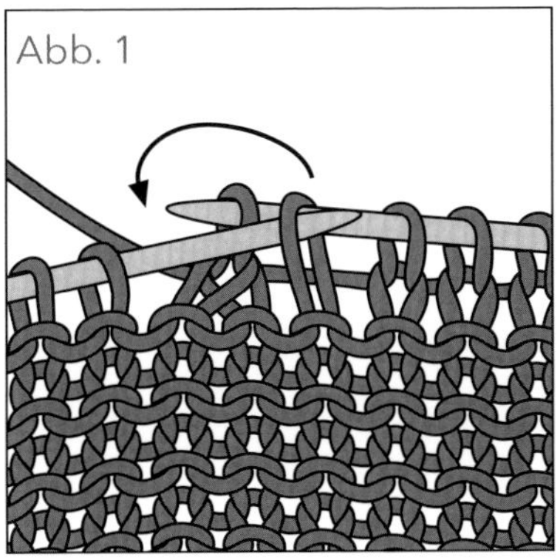

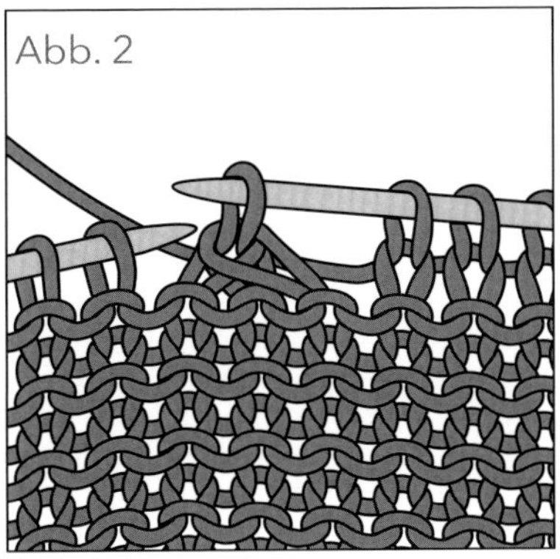

1 Masche wie zum Rechtsstricken abheben und die beiden folgenden Maschen rechts zusammenstricken. Abb. 1. Dann die abgehobene Masche über die zusammengestrickten Maschen ziehen. Die Abnahmemasche neigt sich im Maschenbild ebenfalls nach links. Abb. 2.

Doppelter Überzug mit aufliegender Mittelmasche

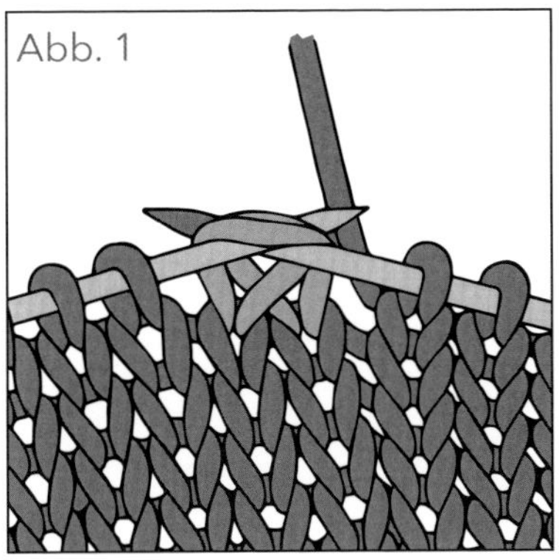

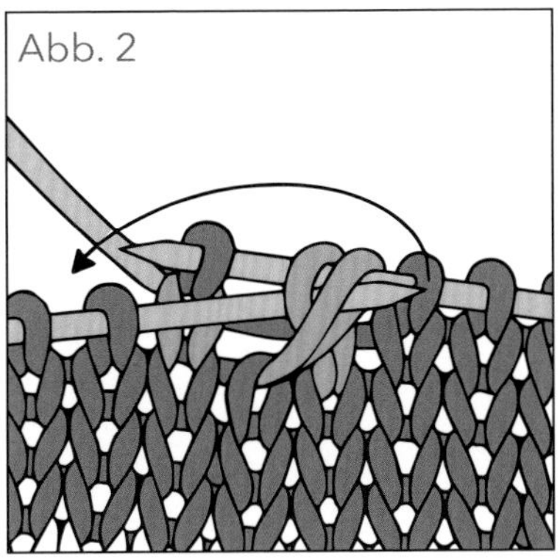

2 Maschen wie zum Rechtsstricken zusammen abheben. Abb. 1. Die nächste Masche rechts stricken und beide abgehobenen Maschen darüberziehen. Die mittlere der 3 Maschen ist deutlich sichtbar, die Abnahmemasche weist keine Neigung auf. Abb. 2.

Muster- und Modellanleitungen

Für jede Strickanleitung gilt: Bitte alles erst einmal durchlesen! Damit gewinnt man einen Überblick über das Projekt und wird nicht mittendrin unerwartet überrascht.
Im Musterteil werden alle Ajourmuster sowohl durch Strickschrift als auch durch ausgeschriebene Textanleitung beschrieben. Beide Darstellungen können sich bei Unklarheiten gut ergänzen.
Bei jedem Muster werden die Maschenzahl des Rapports, dann die Anfangs- und Endmaschen und die beiden Randmaschen angegeben, und schließlich, welche Reihen wiederholt werden. Damit lässt sich das Muster auch leicht für eigene Strickprojekte verwenden.

Stricken nach ausgeschriebenem Text

Im Text werden die Muster Reihe für Reihe und Masche für Masche ausgeschrieben. Der Rapport steht zwischen Sternchen * *, kleinere Wiederholungen zwischen [ ], dann folgt die Angabe, wie oft wiederholt wird. Abschließend findet man noch die Angabe, welche Reihen in der Höhe wiederholt werden.

Stricken nach Strickschrift

In Strickschriften werden je nach besserer Übersichtlichkeit entweder Hin- und Rückreihen gezeichnet oder nur Hinreihen mit zusätzlichen Angaben, wie die Rückreihen gearbeitet werden.
Die Maschen sind entweder <u>so gezeichnet, wie sie gestrickt werden.</u> Dann bedeutet ein Symbol für alle Reihen dasselbe: Eine in Hin- und Rückreihen rechts gezeichnete Masche ergibt also ein kraus rechtes Maschenbild.
Oder die Maschen sind <u>so gezeichnet, wie sie im Muster erscheinen</u>. Dann kann die Bedeutung einiger Maschen in Hin- und Rückreihen unterschiedlich sein: Eine in Hin- und Rückreihen rechts gezeichnete Masche ergibt dann ein glatt rechtes Maschenbild.
Wie die Symbole einer Strickschrift zu lesen sind, wird unter jeder Strickschrift angegeben.

Strickschriften immer in Strickrichtung lesen, also Hinreihen von rechts nach links und Rückreihen von links nach rechts. Man kann sich dabei leicht an der Position der Reihennummer orientieren. Ziffern rechts neben der Strickschrift markieren Hinreihen, Ziffern links neben der Strickschrift Rückreihen. Bei Strickschriften für ein in Runden gestricktes Muster stehen alle Ziffern auf der rechten Seite.

In Hinreihen mit der Randmasche und den Maschen vor dem rechten Pfeil beginnen, dann den Rapport zwischen den Pfeilen wiederholen und mit den Maschen nach dem linken Pfeil enden. In allen Rückreihen die Strickschrift entsprechend von links nach rechts lesen. Unter der Strickschrift wird angegeben, welche Reihen wiederholt werden.

Musterdarstellungen im Modellteil und im Musterteil

Im Musterteil werden alle vorgestellten Muster in Hin- und Rückreihen in ihrer Grundform gerade hoch mit Randmaschen beschrieben. Der Modellteil zeigt dann, was man aus diesen Grundmustern machen kann oder wie sie in einem Modell mit eigener Formgebung eingesetzt werden können. Diese Beispiele dürfen gerne animieren, selbst mit den Mustern kreativ zu werden!

Folgende Abkürzungen werden verwendet:

M = Masche oder Maschen
MM = Maschenmarkierer
R = Reihe oder Reihen
Rd = Runde oder Runden
rechts zusammen = rechts zusammenstricken

Tipps und Besonderheiten

Spannen

Ajourmuster entfalten ihre ganze Schönheit, wenn sie nach dem Stricken aufgespannt werden: Das Strickstück mit einem Wollwaschmittel waschen, das Spülwasser sanft ausdrücken, das Strickstück in voller Größer ausbreiten und mit Hilfe von Kammnadeln, Spanndrähten oder T-Nadeln auf einer Schaumstoffmatte feststecken. An einer Seite beginnen, das Strickstück nach und nach in Form ziehen und unter Spannung feststecken. Dann noch einmal prüfen, ob das aufgespannte Strickstück so auch der gewünschten Form entspricht, und schließlich aufgespannt mindestens 2 Tage lang trocknen lassen. Fadenenden immer erst nach dem Spannen vernähen.

Sicherungsfaden – mein persönlicher Tipp

Fehler beim Stricken von Ajourmustern zu korrigieren, kann mühsam sein. Ich ziehe nach jedem kompletten Höhenrapport einen Sicherungsfaden ein: Nachdem die letzte Rückreihe eines Höhenrapportes gestrickt ist, einfach einen farblich zum Strickgarn kontrastierenden Faden mit einer Wollnadel einmal durch alle Maschen auf der Stricknadel ziehen.
Bei einem Fehler lassen sich dann alle Maschen bis zum Sicherungsfaden aufziehen und wieder auf die Nadel heben, ohne dass dabei eine verlorengehen kann. Und mit der 1. Reihe des neuen Rapports kann man dann wieder weiterstricken.

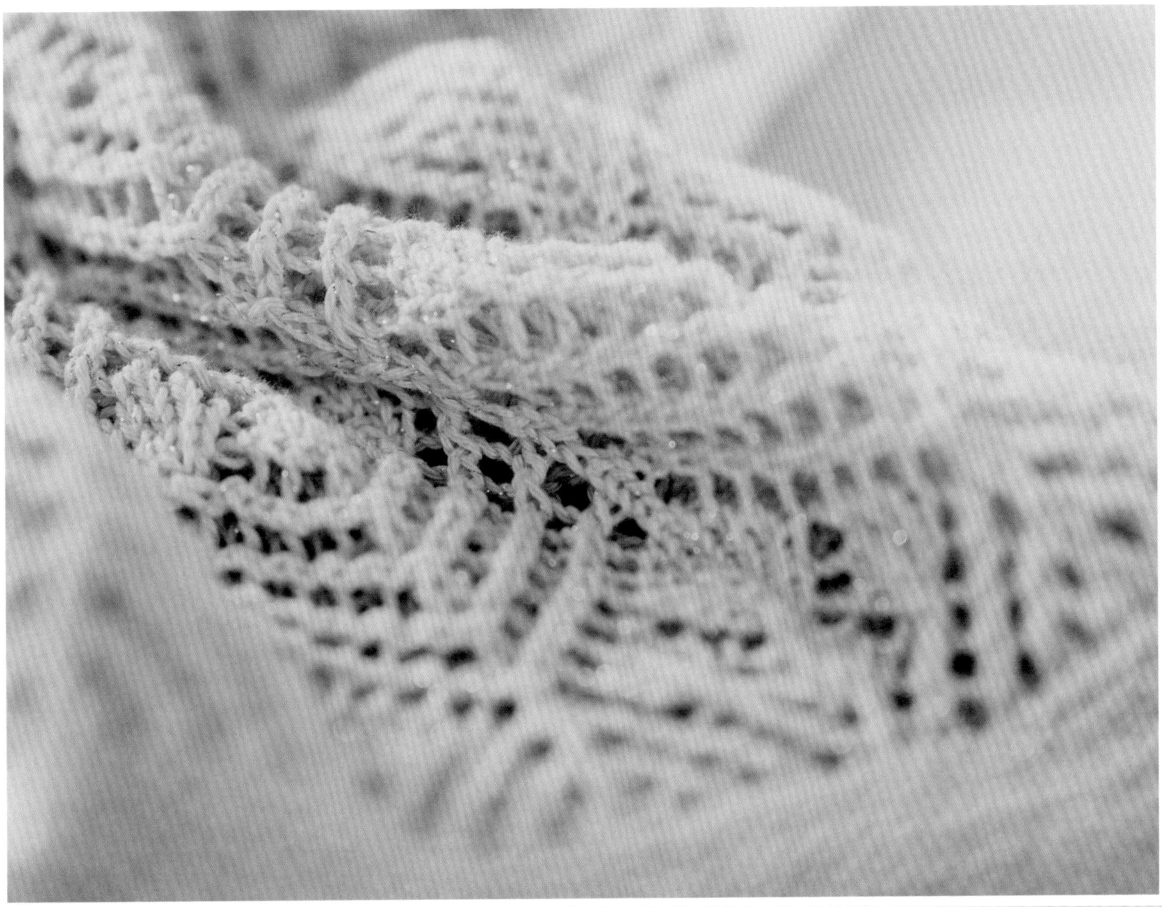

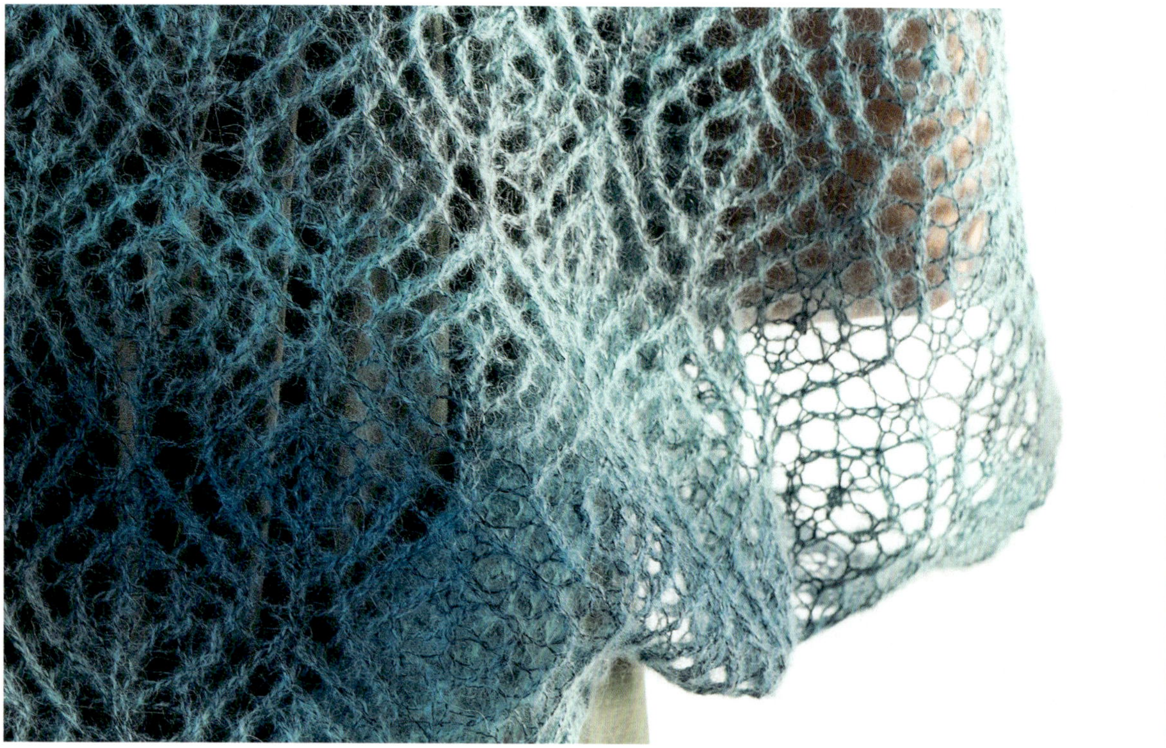

Spezielle Techniken

Hier zeige ich Ihnen, wie ein paar spezielle Techniken gearbeitet werden, die ich bei einigen Modellen verwendet habe.

Der provisorische Maschenanschlag

Die Anschlagkante eines provisorischen Maschenanschlags lässt sich problemlos wieder aufziehen, um das Strickstück in entgegengesetzte Richtung weiterzustricken.

So wird's gemacht

Mit einer Häkelnadel und einem Kontrastgarn 1 Anfangsschlinge häkeln. Mit der Häkelnadel in der rechten und der Stricknadel in der linken Hand *den Arbeitsfaden hinter die Stricknadel legen, mit der Häkelnadel den Faden über der Stricknadel fassen und durch die Schlinge ziehen; ab * stets wiederholen, bis sich die gewünschte Anzahl an Maschen auf der Stricknadel befindet. Den Kontrastfaden abschneiden, durch die letzte Schlinge ziehen und das rechte Ende mit einem Knoten markieren.

Löst man später die 1. Schlinge des Kontrastgarns an der markierten Seite, lässt sich die Luftmaschenkette aufziehen und der Kontrastfaden vollständig entfernen. Die dann offenen Maschen des Strickgarns nach und nach auf eine Stricknadel heben und in die entgegengesetzte Richtung weiterstricken.

https://www.will-stricken.de/2020/03/provisorischer-maschenanschlag.html

Das Aufstricken

Beim Aufstricken werden neue Maschen gegen die Strickrichtung angeschlagen. Diese Technik eignet sich nicht nur als Maschenanschlag zu Beginn, sondern auch, um am seitlichen Rand eines Strickstücks neue Maschen anzuschlagen.

So wird's gemacht

Mit der Anfangsschlinge oder der 1. M einer neuen Reihe beginnen.
*Mit dem Faden hinten wie zum Rechtsstricken in die M einstechen, die Schlinge durchziehen und von rechts nach links auf die linke Nadel heben; ab * stets wiederholen, bis die gewünschte Zahl an Maschen angeschlagen ist. Dann mit den neu angeschlagenen Maschen die neue Reihe nach Muster stricken.

https://www.will-stricken.de/2021/03/maschen-anschlagen-durch-aufstricken.html.html

Abketten mit Picots

Durch das Abketten mit Picots erhält man eine hübsche Zierkante.

So wird's gemacht

*2 neue M auf die linke Nadel aufstricken, dann 3 M rechts verschränkt abketten und noch 2 M rechts abketten, die M auf der rechten Nadel zurück auf die linke Nadel heben; ab * stets wiederholen, die letzte M abketten, wie sie erscheint.

https://www.will-stricken.de/2021/03/wie-kette-ich-mit-picots-ab.html

Elastisches Abketten

Beim elastischen Abketten erhält man eine Abkettkante, die nicht einschneidet, aber das Strickstück trotzdem gut in Form hält.

So wird's gemacht

1 M rechts, *1 M rechts, mit der linken Nadelspitze vorne von links nach rechts in die beiden M auf der rechten Nadel einstechen, mit der rechten Nadel den Faden fassen und die beiden Maschen rechts verschränkt zusammenstricken; ab * stets wiederholen, bis alle M abgekettet sind.

https://www.will-stricken.de/2021/03/wie-kann-ich-maschen-elastisch-abketten.html

Mit I-Cord-Rand abketten

Der I-Cord-Rand legt eine kleine Strickschnur waagerecht auf den Abkettrand, was ihn nicht nur besonders stabil macht, sondern ihm auch einen sehr edlen Look verleiht.

So wird's gemacht:

Am Ende der letzten Reihe noch 3 M aufschlingen, wenden, *2 M rechts, 2 M rechts verschränkt zusammen, diese 3 M zurück auf die linke Nadel heben; ab * bis zu den letzten 3 M stets wiederholen.
Die letzten 3 M wie folgt stricken: 1 M rechts, 2 M rechts verschränkt zusammen, die vorletzte über die letzte M heben und den Faden durchziehen.

https://www.will-stricken.de/2020/10/wie-kette-ich-mit-icord-ab.html

Pfeilmuster

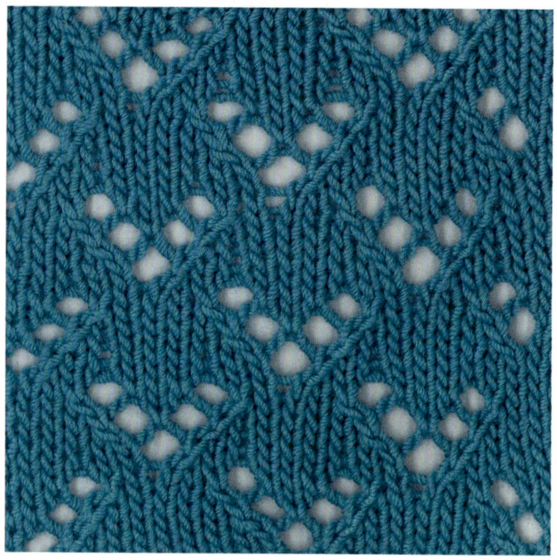

Schwierigkeitsgrad mittel
Kategorie glatt rechtes Ajourmuster

Maschenzahl teilbar durch 10 + 3 + 2 Randmaschen.

STRICKEN NACH MUSTERBESCHREIBUNG

1. Reihe (Hinreihe): RandM, 1 M rechts, * 1 Umschlag, 1 einfacher Überzug, 8 M rechts; ab * stets wiederholen, 2 M rechts, RandM.
2. Reihe (Rückreihe) und alle folgenden Rückreihen: RandM, alle M und Umschläge links, RandM.
3. Reihe: RandM, 1 M rechts, * 1 M rechts, 1 Umschlag, 1 einfacher Überzug, 5 M rechts, 2 M rechts zusammen, 1 Umschlag; ab * stets wiederholen, 2 M rechts, RandM.
5. Reihe: RandM, 1 M rechts, * 2 M rechts, 1 Umschlag, 1 einfacher Überzug, 3 M rechts, 2 M rechts zusammen, 1 Umschlag, 1 M rechts; ab * stets wiederholen, 2 M rechts, RandM.
7. Reihe: RandM, 1 M rechts, * 5 M rechts, 1 Umschlag, 1 einfacher Überzug, 3 M rechts; ab * stets wiederholen, 2 M rechts, RandM.
9. Reihe: RandM, 1 M rechts, * 3 M rechts, 2 M rechts zusammen, 1 Umschlag, 1 M rechts, 1 Umschlag, 1 einfacher Überzug, 2 M rechts; ab * stets wiederholen, 2 M rechts, RandM.
11. Reihe: RandM, 1 M rechts, * 2 M rechts, 2 M rechts zusammen, 1 Umschlag, 3 M rechts, 1 Umschlag, 1 einfacher Überzug, 1 M rechts; ab * stets wiederholen, 2 M rechts, RandM.

Die 1. - 12. Reihe stets wiederholen.

STRICKEN NACH STRICKSCHRIFT

In der Strickschrift sind die Hinreihen notiert.

In den HinR mit der RandM und der M vor dem rechten Pfeil beginnen, den Rapport von 10 M zwischen den Pfeilen stets wiederholen und mit den 2 M und der RandM nach dem linken Pfeil enden.
In den RückR alle M und Umschläge zwischen den RandM links stricken.

Die 1. - 12. Reihe stets wiederholen.

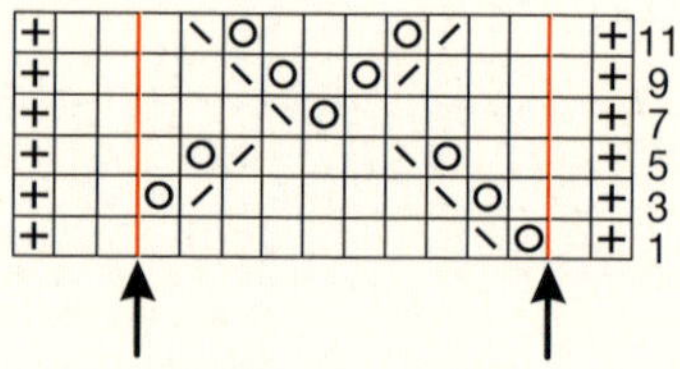

Zeichenerklärung:

- \ = 1 einfacher Überzug
- / = 2 Maschen rechts zusammen
- O = 1 Umschlag
- ☐ = 1 Masche rechts
- + = Randmasche

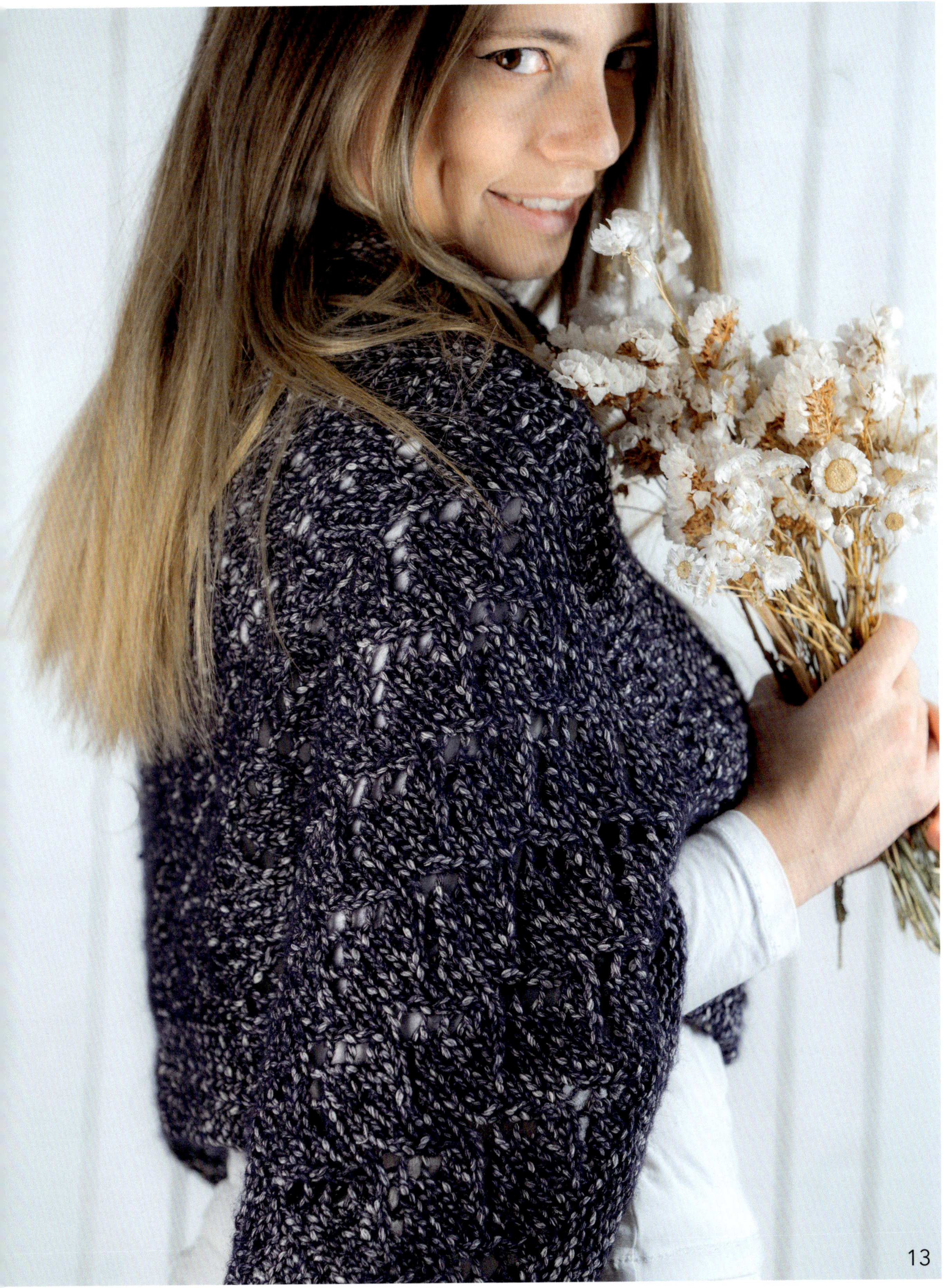

Zickzackmuster

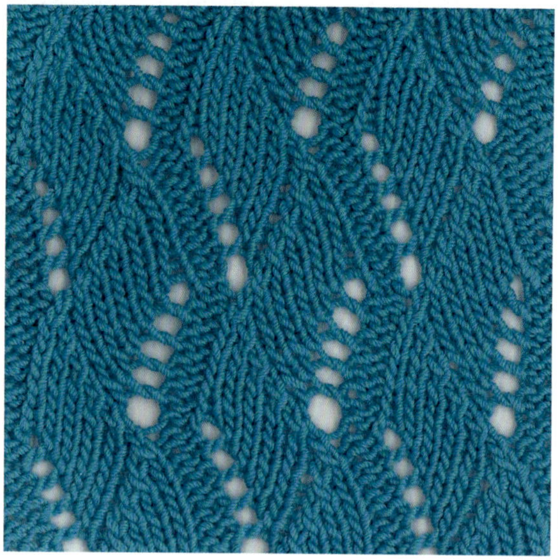

Schwierigkeitsgrad einfach
Kategorie wellenförmige, glatt rechte Ajourmusterrippen

Maschenzahl teilbar durch 8 + 2 + 2 Randmaschen.

STRICKEN NACH MUSTERBESCHREIBUNG

1. Reihe (Hinreihe): RandM, 2 M links, * 1 Umschlag, 2 M rechts zusammen, 4 M rechts, 2 M links; ab * stets wiederholen, RandM.
2. Reihe (Rückreihe) und alle folgenden Rückreihen: RandM, * 2 M rechts, 6 M links; ab * stets wiederholen, 2 M rechts, RandM.
3. Reihe: RandM, 2 M links, * 1 Umschlag, 1 M rechts, 2 M rechts zusammen, 3 M rechts, 2 M links; ab * stets wiederholen, RandM.
5. Reihe: RandM, 2 M links, * 1 Umschlag, 2 M rechts, 2 M rechts zusammen, 2 M rechts, 2 M links; ab * stets wiederholen, RandM.
7. Reihe: RandM, 2 M links, * 1 Umschlag, 3 M rechts, 2 M rechts zusammen, 1 M rechts, 2 M links; ab * stets wiederholen, RandM.
9. Reihe: RandM, 2 M links, * 1 Umschlag, 4 M rechts, 2 M rechts zusammen, 2 M links; ab * stets wiederholen, RandM.
11. Reihe: RandM, 2 M links, * 4 M rechts, 1 einfacher Überzug, 1 Umschlag, 2 M links; ab * stets wiederholen, RandM.
13. Reihe: RandM, 2 M links, * 3 M rechts, 1 einfacher Überzug, 1 M rechts, 1 Umschlag, 2 M links; ab * stets wiederholen, RandM.
15. Reihe: RandM, 2 M links, * 2 M rechts, 1 einfacher Überzug, 2 M rechts, 1 Umschlag, 2 M links; ab * stets wiederholen, RandM.
17. Reihe: RandM, 2 M links, * 1 M rechts, 1 einfacher Überzug, 3 M rechts, 1 Umschlag, 2 M links; ab * stets wiederholen, RandM.
19. Reihe: RandM, 2 M links, * 1 einfacher Überzug, 4 M rechts, 1 Umschlag, 2 M links; ab * stets wiederholen, RandM.

Die 1. - 20. Reihe stets wiederholen.

STRICKEN NACH STRICKSCHRIFT

In der Strickschrift sind die Hinreihen notiert.

In den HinR mit der RandM und den 2 M vor dem rechten Pfeil beginnen, den Rapport von 8 M zwischen den Pfeilen stets wiederholen und mit der RandM nach dem linken Pfeil enden.
In den RückR alle M zwischen den RandM stricken, wie sie erscheinen; Abnahmen und Umschläge der Vorreihe links stricken.

Die 1. - 20. Reihe stets wiederholen.

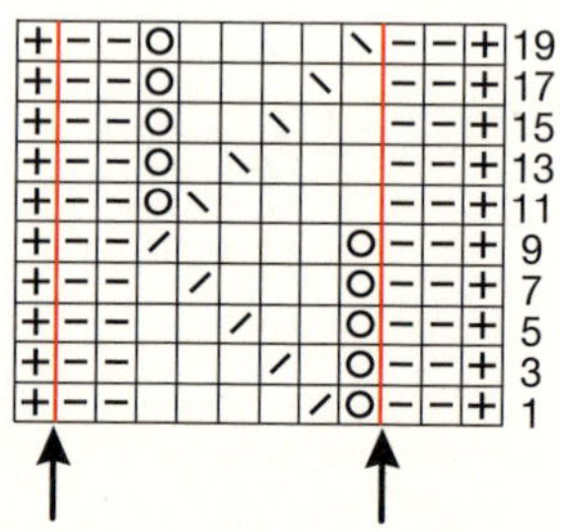

Zeichenerklärung:

□ = 1 Masche rechts
⊟ = 1 Masche links
⧄ = 2 Maschen rechts zusammen
○ = 1 Umschlag
⧅ = 1 einfacher Überzug
⊞ = Randmasche

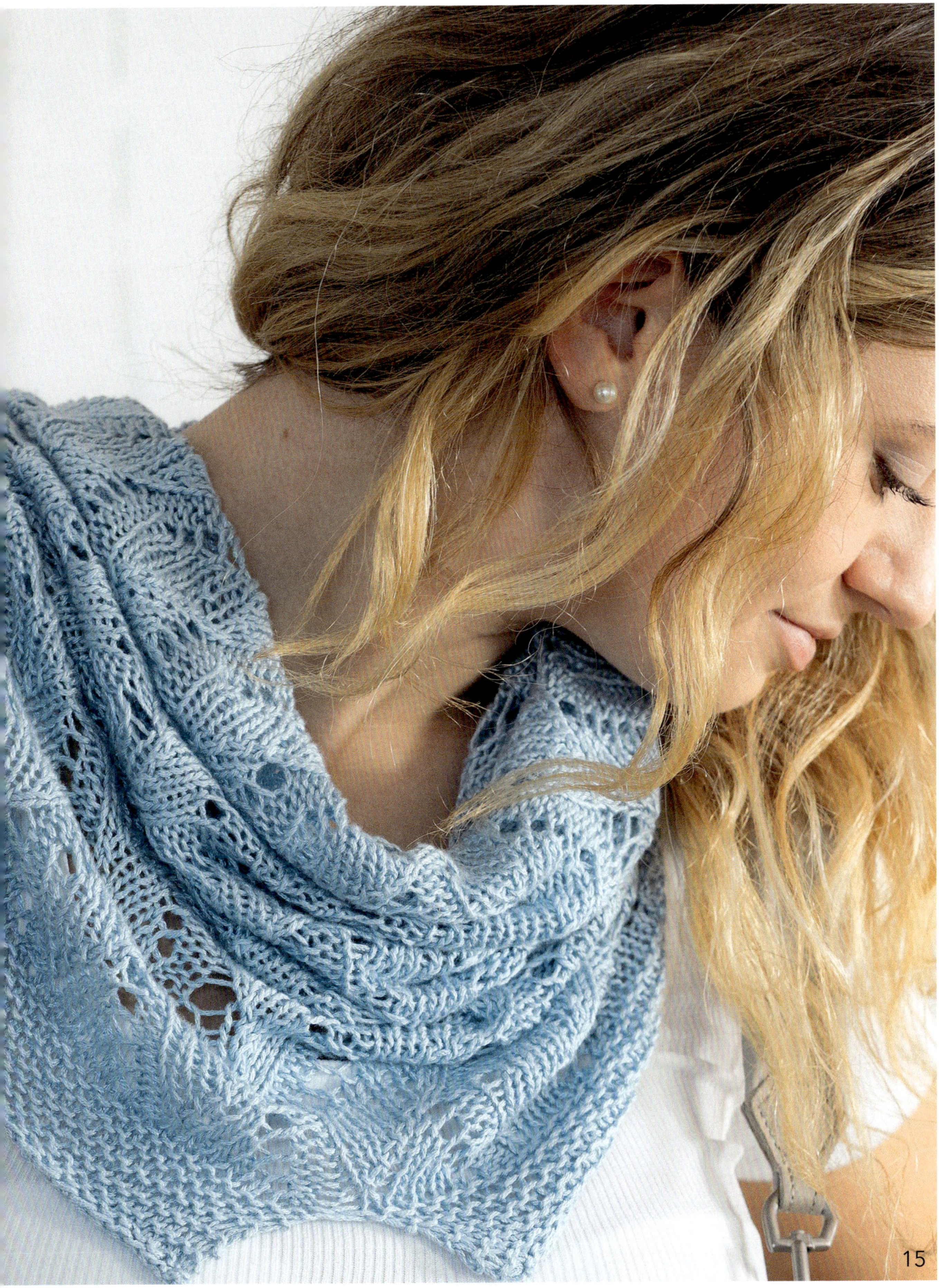

Karomuster

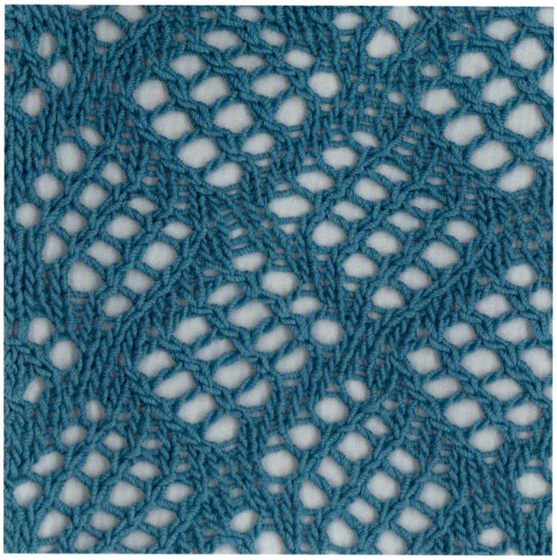

Schwierigkeitsgrad leicht
Kategorie glatt rechts gefülltes Filetmuster

Maschenzahl teilbar durch 10 + 4 + 2 Randmaschen.

STRICKEN NACH MUSTERBESCHREIBUNG

1. Reihe (Hinreihe): RandM, 1 M rechts, * 3 M rechts, 1 Umschlag, 1 einfacher Überzug, 1 M rechts, [2 M rechts zusammen, 1 Umschlag] 2x; ab * stets wiederholen, 3 M rechts, RandM.
2. Reihe (Rückreihe) und alle folgenden Rückreihen: RandM, alle M und Umschläge links, RandM.
3. Reihe: RandM, 1 M rechts, * 2 M rechts, [1 Umschlag, 1 einfacher Überzug] 2x, 1 M rechts, 2 M rechts zusammen, 1 Umschlag, 1 M rechts; ab * stets wiederholen, 3 M rechts, RandM.
5. Reihe: RandM, 1 M rechts, * 1 M rechts, [1 Umschlag, 1 einfacher Überzug] 3x, 3 M rechts; ab * stets wiederholen, 1 M rechts, 1 Umschlag, 1 einfacher Überzug, RandM.
7. Reihe: RandM, 1 M rechts, * [1 Umschlag, 1 einfacher Überzug] 4x, 2 M rechts; ab * stets wiederholen, 1 Umschlag, 1 einfacher Überzug, 1 M rechts, RandM.
9. Reihe: wie die 5. Reihe
11. Reihe: RandM, 1 M rechts, * 2 M rechts, [1 U, 1 einfacher Überzug] 2x, 1 M rechts, 2 M rechts zusammen, 1 Umschlag, 1 M rechts; ab * stets wiederholen, 3 M rechts, RandM.
13. Reihe: RandM, 1 M rechts, * 3 M rechts, 1 Umschlag, 1 einfacher Überzug, 1 M rechts, [2 M rechts zusammen, 1 Umschlag] 2x; ab * stets wiederholen, 3 M rechts, RandM.
15. Reihe: RandM, 2 M rechts zusammen, * 1 Umschlag, 4 M rechts, [2 M rechts zusammen, 1 Umschlag] 2x, 2 M rechts zusammen; ab * stets wiederholen, 1 Umschlag, 2 M rechts, RandM.
17. Reihe: RandM, 1 M rechts, * 2 M rechts zusammen, 1 Umschlag, 2 M rechts, [2 M rechts zusammen, 1 Umschlag] 3x; ab * stets wiederholen, 2 M rechts zusammen, 1 Umschlag, 1 M rechts, RandM.
19. Reihe: wie die 15. Reihe

Die 1. – 20. Reihe stets wiederholen.

STRICKEN NACH STRICKSCHRIFT

In der Strickschrift sind die Hinreihen notiert.

In den HinR mit der RandM und der M vor dem rechten Pfeil beginnen, den Rapport von 10 M zwischen den Pfeilen stets wiederholen und mit den 3 M und der RandM nach dem linken Pfeil enden.
In den RückR alle M und Umschläge zwischen den RandM links stricken.

Die 1. – 20. Reihe stets wiederholen.

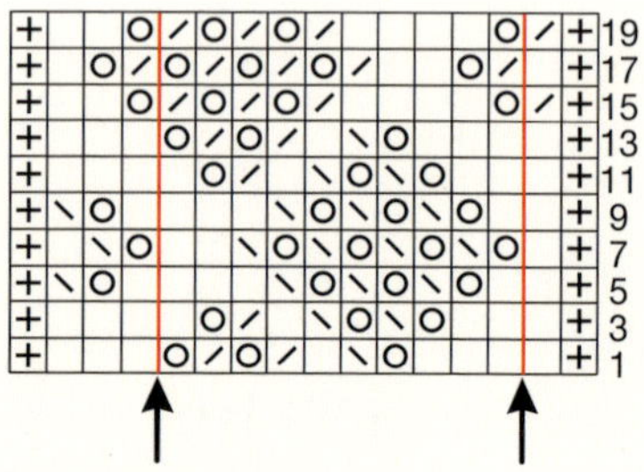

Zeichenerklärung:

- ☐ = 1 Masche rechts
- ⁄ = 2 Maschen rechts zusammen
- ○ = 1 Umschlag
- ⧵ = 1 einfacher Überzug
- + = Randmasche

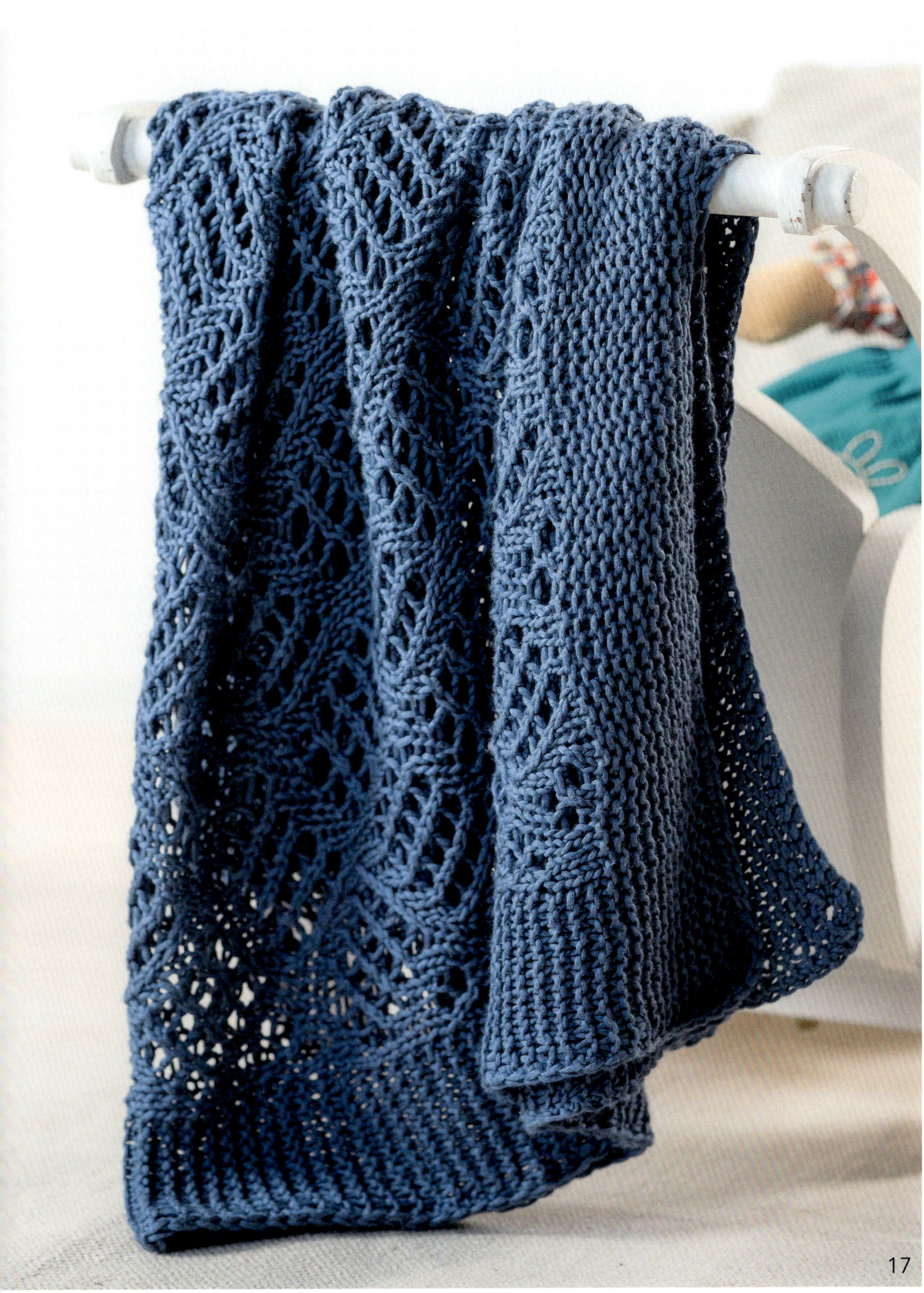

Netzmuster

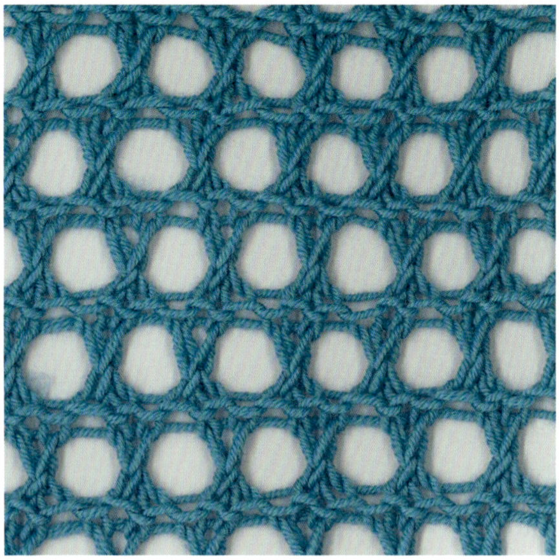

Schwierigkeitsgrad einfach
Kategorie kraus rechtes Filetmuster

Maschenzahl teilbar durch 2
+ 2 Randmaschen.

STRICKEN NACH MUSTERBESCHREIBUNG

1. Reihe (Hinreihe): RandM, bis zur letzten M alle M rechts, RandM.
2. Reihe (Rückreihe) und alle folgenden Rückreihen: RandM, bis zur letzten M alle M rechts, RandM.
3. Reihe: RandM, * 2 M rechts zusammen, 1 Umschlag, ab * stets wiederholen, RandM.
5. Reihe: wie die 1. Reihe
7. Reihe: RandM, * 1 Umschlag, 2 M rechts zusammen; ab * stets wiederholen, RandM.

Die 1. - 8. Reihe stets wiederholen.

STRICKEN NACH STRICKSCHRIFT

In der Strickschrift sind die Hinreihen notiert.

In den HinR mit der RandM vor dem rechten Pfeil beginnen, den Rapport von 2 M zwischen den Pfeilen stets wiederholen und mit der RandM nach dem linken Pfeil enden.
In den RückR alle M und Umschläge zwischen den RandM rechts stricken.

Die 1. - 8. Reihe stets wiederholen.

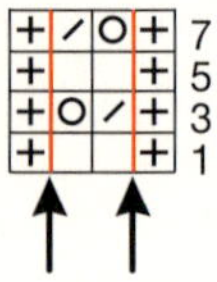

Zeichenerklärung:

☐ = 1 Masche rechts
⧄ = 2 Maschen rechts zusammen
○ = 1 Umschlag
⊞ = Randmasche

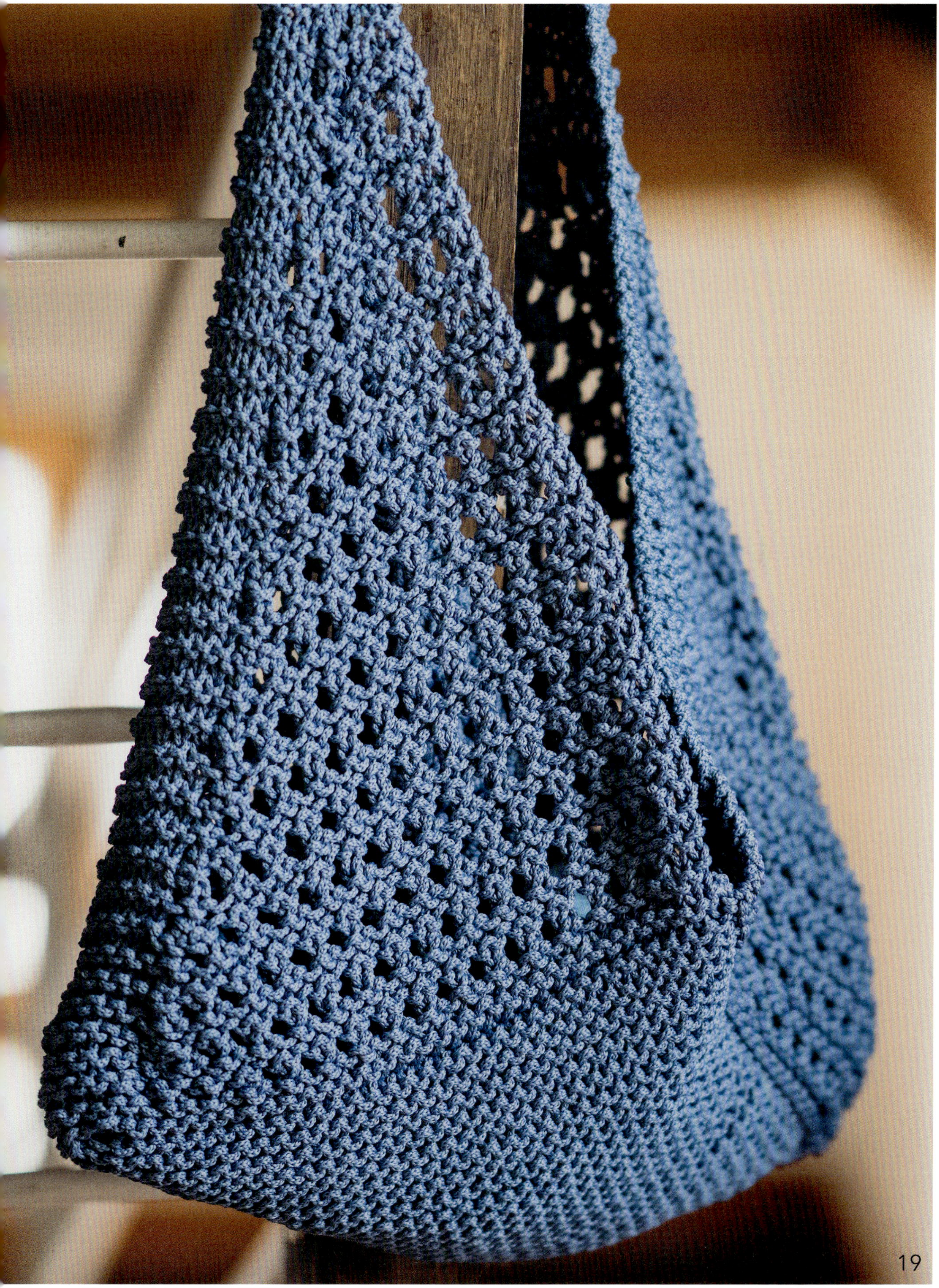

Bogenmuster

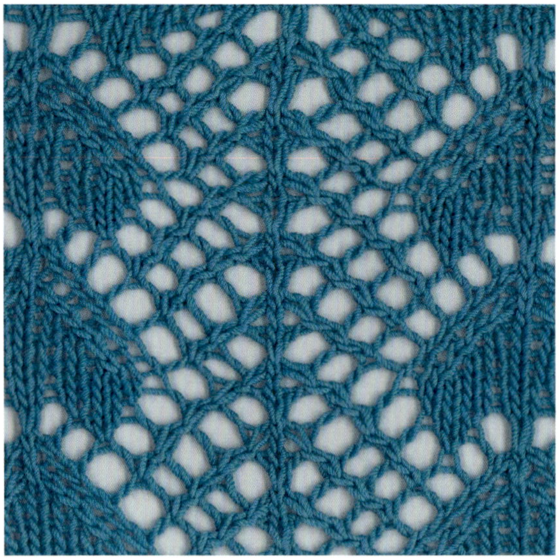

Schwierigkeitsgrad anspruchsvoll
Kategorie glatt rechts gefülltes Filetmuster

Maschenzahl teilbar durch 18 + 11 + 2 Randmaschen.

STRICKEN NACH MUSTERBESCHREIBUNG

1. Reihe (Hinreihe): RandM, 1 Umschlag, 1 M rechts, 1 einfacher Überzug, 2 M rechts, * 3 M rechts, 2 M rechts zusammen, [1 M rechts, 1 Umschlag] 2x, 1 einfacher Überzug, 1 M rechts, 2 M rechts zusammen, [1 Umschlag, 1 M rechts] 2x, 1 einfacher Überzug, 2 M rechts; ab * stets wiederholen, 3 M rechts, 2 M re zusammen, 1 M rechts, 1 Umschlag, RandM.
2. Reihe (Rückreihe) und alle folgenden Rückreihen: RandM, alle M und Umschläge bis zur letzten M links stricken, RandM.
3. Reihe: RandM, 1 M rechts, 1 Umschlag, 1 M rechts, 1 einfacher Überzug, 1 M rechts, * 2 M rechts, 2 M rechts zusammen, [1 M rechts, 1 Umschlag] 2x, 1 einfacher Überzug, 1 Umschlag, 1 doppelter Überzug mit aufliegender MittelM, 1 Umschlag, 2 M rechts zusammen, [1 Umschlag, 1 M rechts] 2x, 1 einfacher Überzug, 1 M rechts; ab * stets wiederholen, 2 M rechts, 2 M rechts zusammen, 1 M rechts, 1 Umschlag, 1 M rechts, RandM.
5. Reihe: RandM, 2 M rechts, 1 Umschlag, 1 M rechts, 1 einfacher Überzug, * 1 M rechts, 2 M rechts zusammen, [1 M rechts, 1 Umschlag] 2x, 1 einfacher Überzug, 1 Umschlag, 1 einfacher Überzug, 1 M rechts, 2 M rechts zusammen, 1 Umschlag, 2 M rechts zusammen, [1 Umschlag, 1 M rechts] 2x, 1 einfacher Überzug; ab * stets wiederholen, 1 M rechts, 2 M rechts zusammen, 1 M rechts, 1 Umschlag, 2 M rechts, RandM.
7. Reihe: RandM, 2 M rechts zusammen, [1 Umschlag, 1 M rechts] 2x, * 1 doppelter Überzug mit aufliegender MittelM, [1 M rechts, 1 Umschlag] 2x, [1 einfacher Überzug, 1 Umschlag] 2x, 1 doppelter Überzug mit aufliegender MittelM, [1 Umschlag, 2 M rechts zusammen] 2x, [1 Umschlag, 1 M rechts] 2x; ab * stets wiederholen, 1 doppelter Überzug mit aufliegender MittelM, [1 M rechts, 1 Umschlag] 2x, 1 einfacher Überzug, RandM.
9. Reihe: RandM, 4 M rechts, 1 Umschlag, * 1 doppelter Überzug mit aufliegender MittelM, 1 Umschlag, 3 M rechts, [1 Umschlag, 1 einfacher Überzug] 2x, 1 M rechts, [2 M rechts zusammen, 1 Umschlag] 2x, 3 M rechts, 1 Umschlag; ab * stets wiederholen, 1 doppelter Überzug mit aufliegender MittelM, 1 Umschlag, 4 M rechts, RandM.
11. Reihe: RandM, 5 M rechts, * 6 M rechts, 1 Umschlag, 1 einfacher Überzug, 1 Umschlag, 1 doppelter Überzug mit aufliegender MittelM, 1 Umschlag, 2 M rechts zusammen, 1 Umschlag, 5 M rechts; ab * wiederholen, 6 M rechts, RandM.

Die 1. – 12. R stets wiederholen.

STRICKEN NACH STRICKSCHRIFT

In der Strickschrift sind die Hinreihen notiert.

In den HinR mit der RandM und den 5 M vor dem rechten Pfeil beginnen, den Rapport von 18 M zwischen den Pfeilen stets wiederholen und mit den 6 M und der RandM nach dem linken Pfeil enden.
In den RückR alle M und Umschläge zwischen den RandM links stricken.

Die 1. - 12. Reihe stets wiederholen.

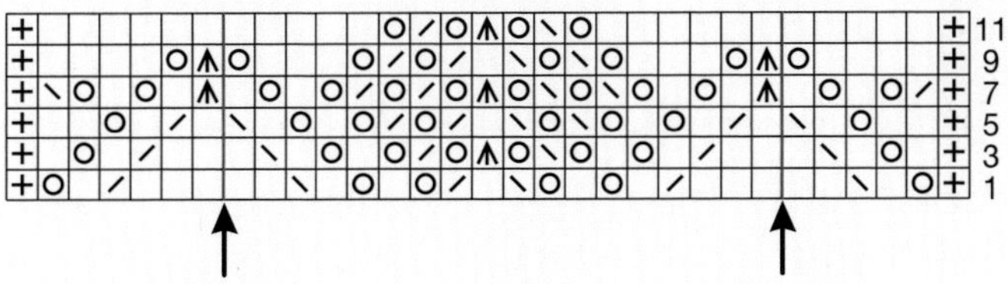

Zeichenerklärung:

□ = 1 Masche rechts
⧄ = 2 Maschen rechts zusammen
◯ = 1 Umschlag
⋀ = 1 doppelter Überzug mit aufliegender Mittelmasche
⧅ = 1 einfacher Überzug
⊞ = Randmasche

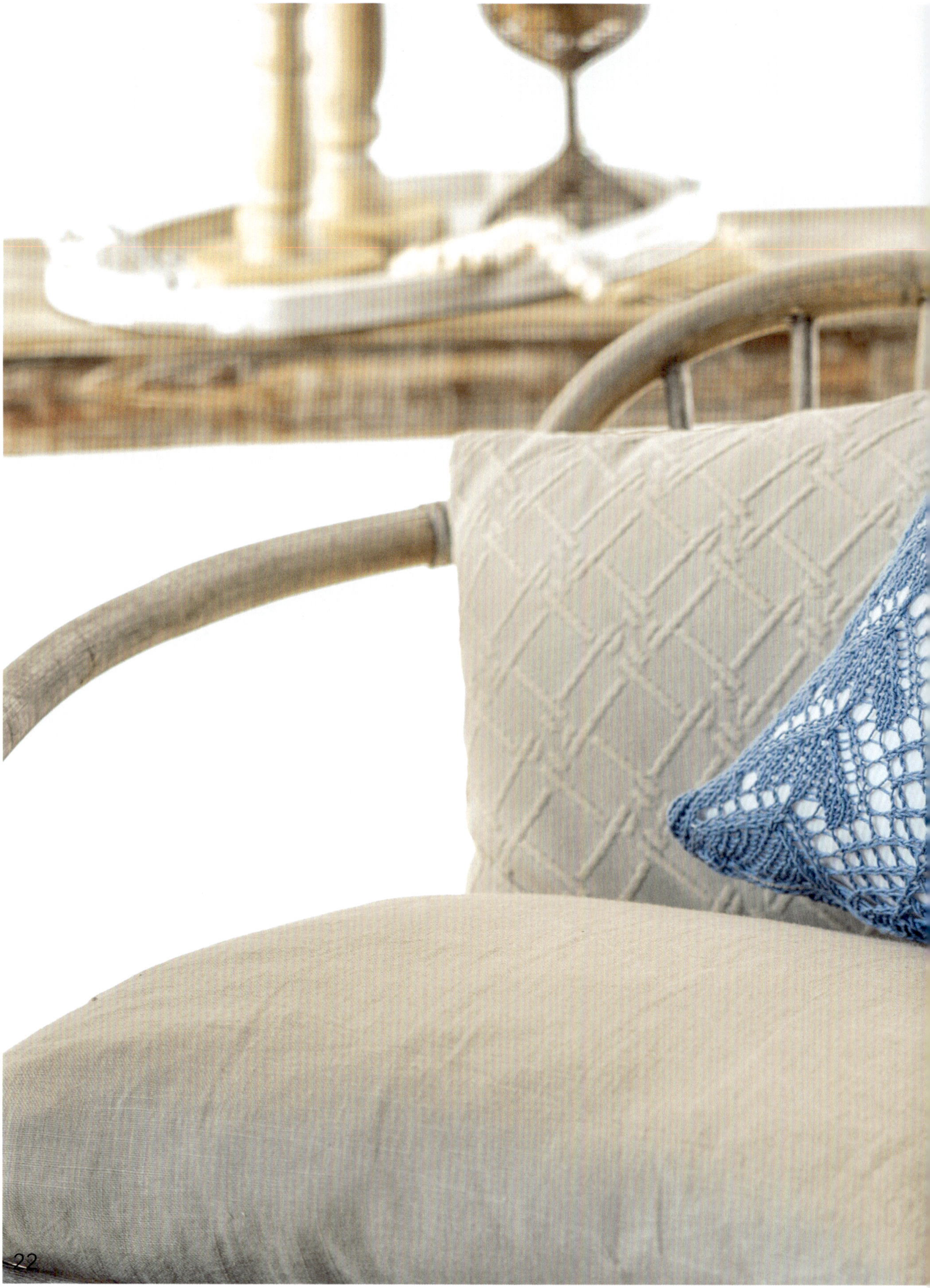

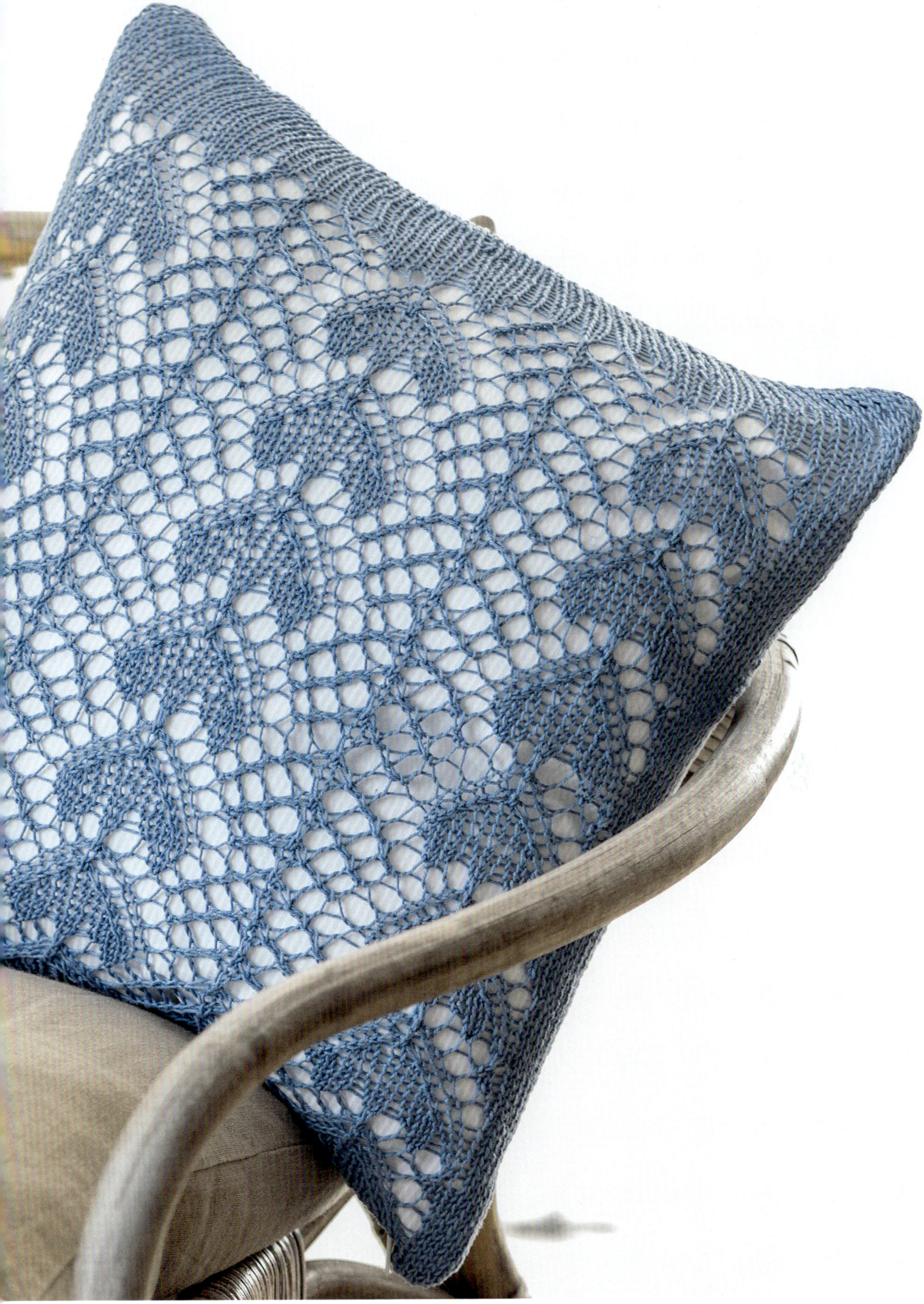

Schräges Lochmuster

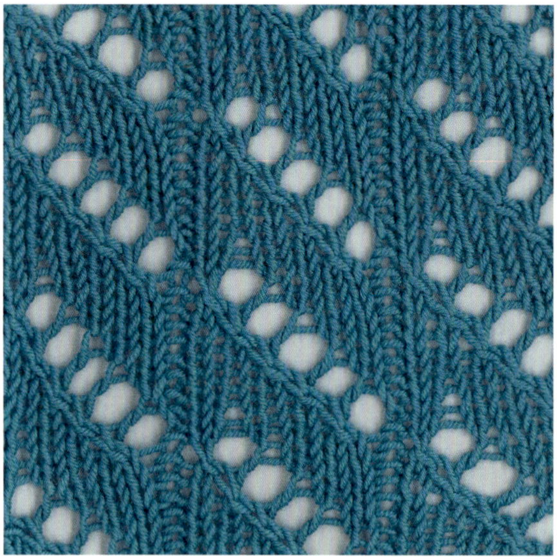

Schwierigkeitsgrad leicht
Kategorie glatt rechte Ajourmusterrippen

Maschenzahl teilbar durch 7 + 1
+ 2 Randmaschen.

STRICKEN NACH MUSTERBESCHREIBUNG

1. Reihe (Hinreihe): RandM, 1 M links, * 1 Umschlag, 1 einfacher Überzug, 4 M rechts, 1 M links; ab * stets wiederholen, RandM.
2. Reihe (Rückreihe) und alle folgenden Rückreihen: RandM, 1 M rechts, * 6 M links, 1 M rechts; ab * stets wiederholen, RandM.
3. Reihe: RandM, 1 M links, * 1 M rechts, 1 Umschlag, 1 einfacher Überzug, 3 M rechts, 1 M links; ab * stets wiederholen, RandM.
5. Reihe: RandM, 1 M links, * 2 M rechts, 1 Umschlag, 1 einfacher Überzug, 2 M rechts, 1 M links; ab * stets wiederholen, RandM.
7. Reihe: RandM, 1 M links, * 3 M rechts, 1 Umschlag, 1 einfacher Überzug, 1 M rechts, 1 M links; ab * stets wiederholen, RandM.
9. Reihe: RandM, 1 M links, * 4 M rechts, 1 Umschlag, 1 einfacher Überzug, 1 M links; ab * stets wiederholen, RandM.

Die 1. - 10. Reihe stets wiederholen.

STRICKEN NACH STRICKSCHRIFT

In der Strickschrift sind die Hinreihen notiert.

In den HinR mit der RandM und der M vor dem rechten Pfeil beginnen, den Rapport von 7 M zwischen den Pfeilen stets wiederholen und mit der RandM nach dem linken Pfeil enden.
In den RückR alle M zwischen den RandM stricken, wie sie erscheinen; Abnahmen und Umschläge der Vorreihe links stricken.

Die 1. - 10. Reihe stets wiederholen.

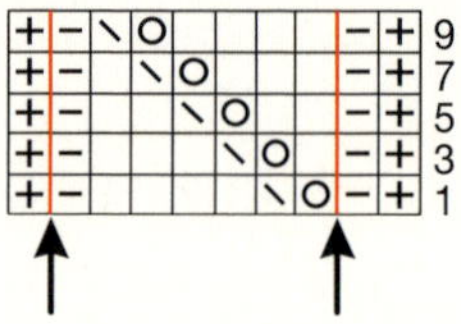

Zeichenerklärung:

□ = 1Masche rechts
⊟ = 1 Masche links
◯ = 1 Umschlag
⧅ = 1 einfacher Überzug
⊞ = Randmasche

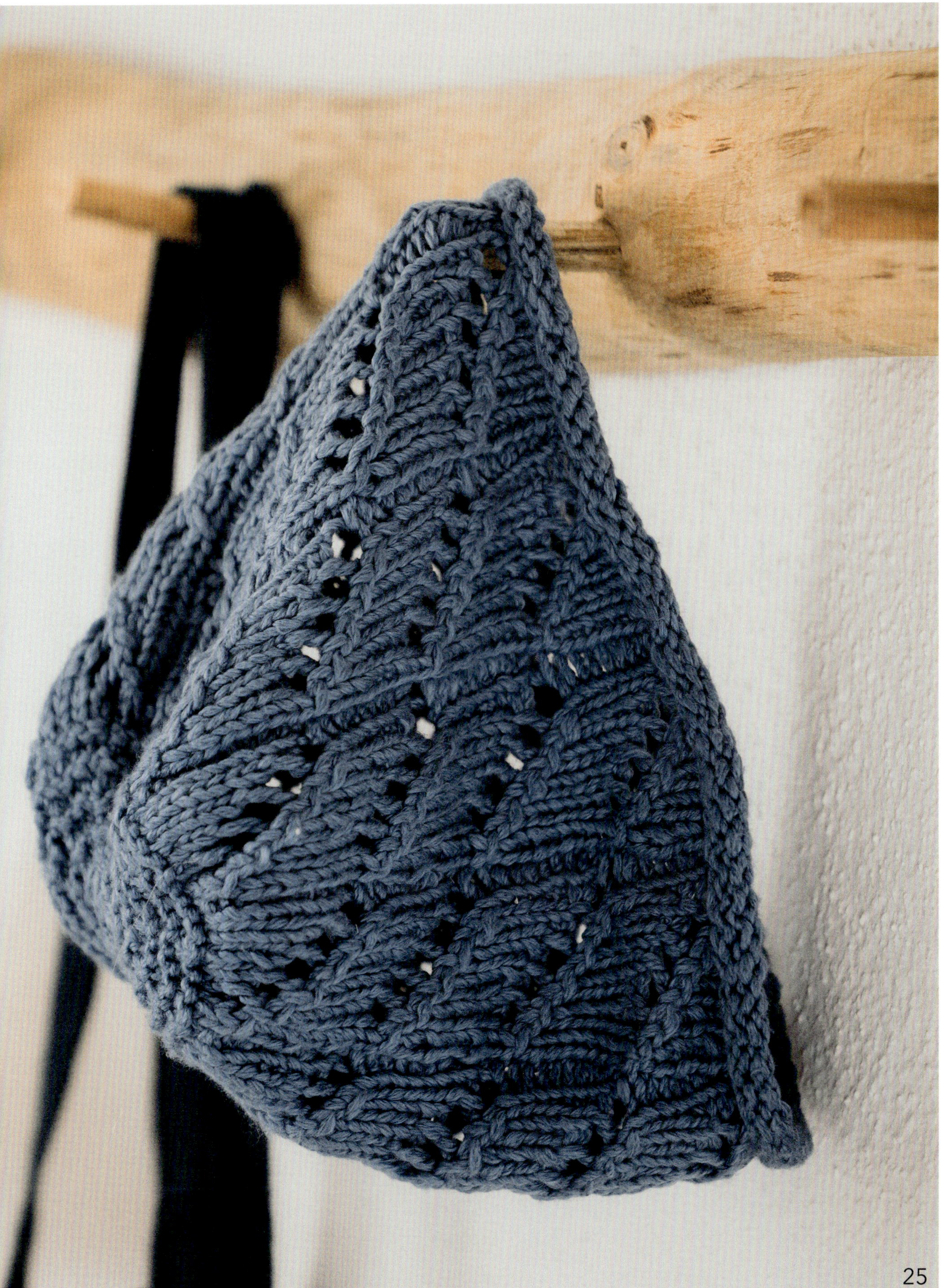

Hufeisenmuster

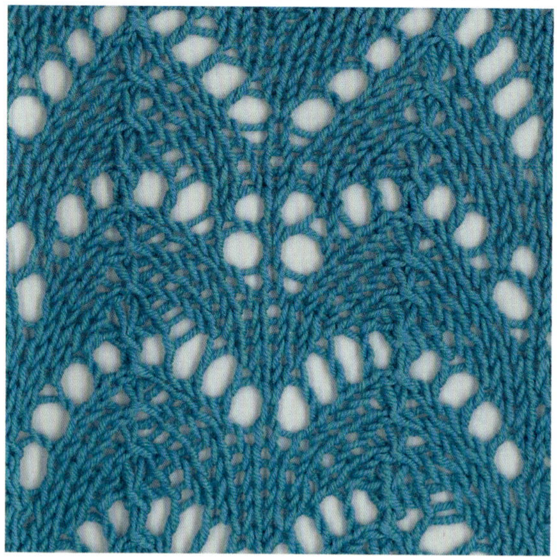

Schwierigkeitsgrad einfach
Kategorie wellenförmiges, glatt rechtes Ajourmuster

Maschenzahl teilbar durch 10 + 1 + 2 Randmaschen.

STRICKEN NACH MUSTERBESCHREIBUNG

1. Reihe (Hinreihe): RandM, * 1 M rechts, 1 Umschlag, 3 M rechts, 1 doppelter Überzug, 3 M rechts, 1 Umschlag; * stets wiederholen, 1 M rechts, RandM.

2. Reihe (Rückreihe) und alle folgenden Rückreihen: RandM, bis zur letzten M alle M links, RandM.

3. Reihe: RandM, * 2 M rechts, 1 Umschlag, 2 M rechts, 1 doppelter Überzug, 2 M rechts, 1 Umschlag, 1 M rechts; ab * stets wiederholen, 1 M rechts, RandM.

5. Reihe: RandM, * 3 M rechts, 1 Umschlag, 1 M rechts, 1 doppelter Überzug, 1 M rechts, 1 Umschlag, 2 M rechts; ab * stets wiederholen, 1 M rechts, RandM.

7. Reihe: RandM, * 4 M rechts, 1 Umschlag, 1 doppelter Überzug, 1 Umschlag, 3 M rechts; ab * stets wiederholen, 1 M rechts, RandM.

Die 1. – 8. Reihe stets wiederholen.

STRICKEN NACH STRICKSCHRIFT

In der Strickschrift sind die Hinreihen notiert.

In den HinR mit der RandM vor dem rechten Pfeil beginnen, den Rapport von 10 M zwischen den Pfeilen stets wiederholen und mit der M und der RandM nach dem linken Pfeil enden. In den RückR alle M zwischen den RandM links stricken.

Die 1. – 8. Reihe stets wiederholen.

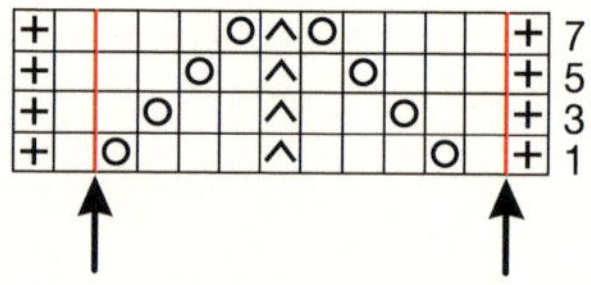

Zeichenerklärung:

△ = 1 doppelter Überzug
○ = 1 Umschlag
□ = 1 Masche rechts
+ = Randmasche

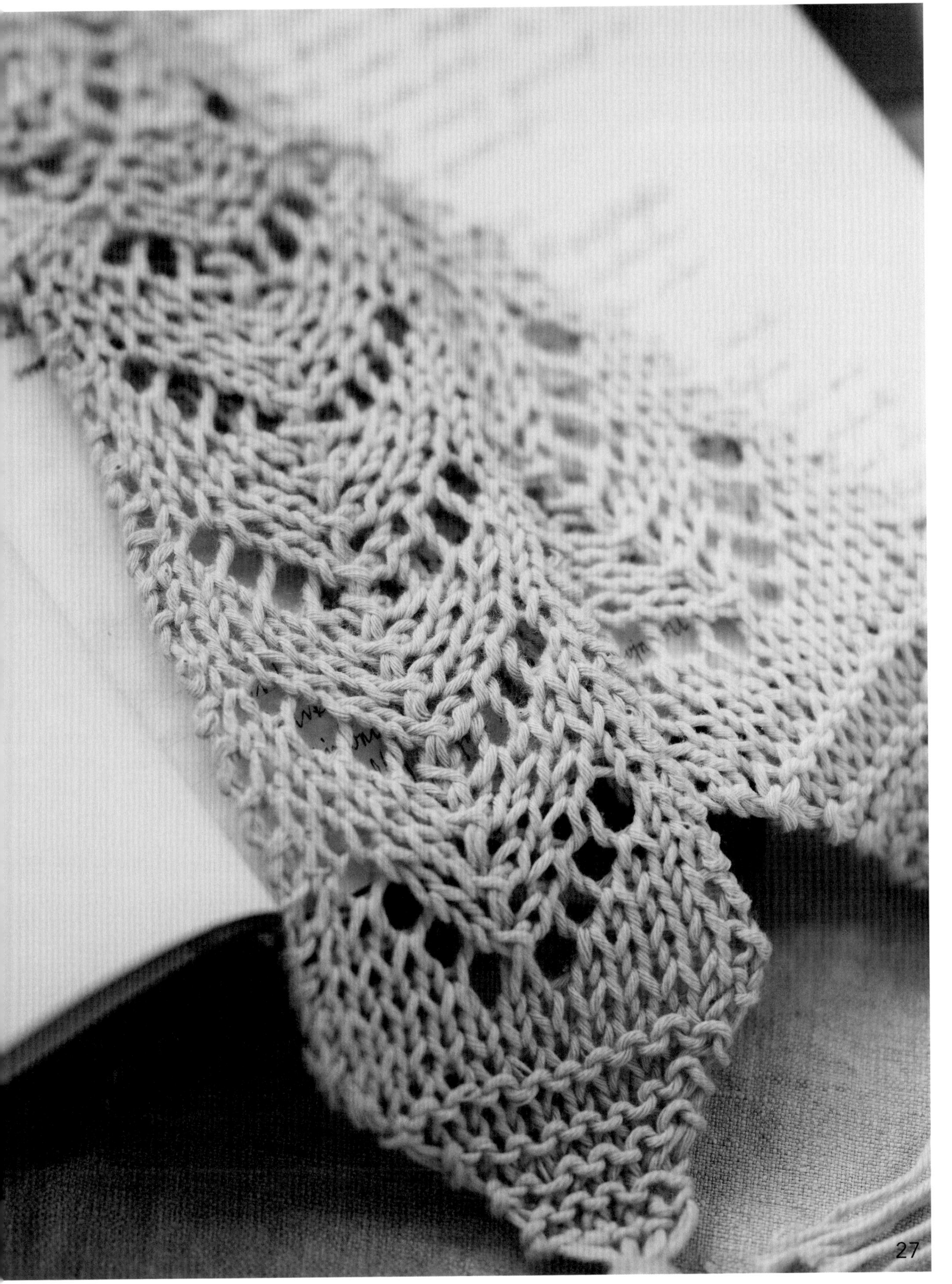

Käfermuster

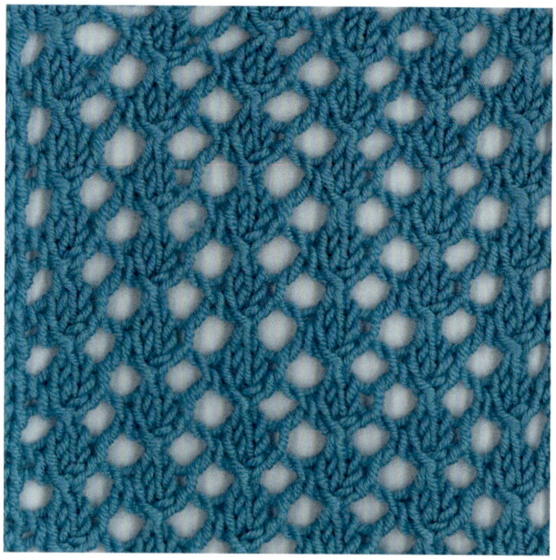

Schwierigkeitsgrad mittel
Kategorie glatt rechts gefülltes Filetmuster

Maschenzahl teilbar durch 6 + 2
+ 2 Randmaschen.

STRICKEN NACH MUSTERBESCHREIBUNG

1. Reihe (Hinreihe): RandM, 1 M rechts, * 3 M rechts, 1 Umschlag, 1 doppelter Überzug, 1 Umschlag; ab * stets wiederholen, 1 M rechts, RandM.
2. Reihe (Rückreihe) und alle folgenden Rückreihen: RandM, alle M links, RandM.
3. Reihe: RandM, 1 M rechts, * 1 Umschlag, 1 doppelter Überzug, 1 Umschlag, 3 M rechts; ab * stets wiederholen, 1 M rechts, RandM.

Die 1. - 4. Reihe stets wiederholen.

STRICKEN NACH STRICKSCHRIFT

In der Strickschrift sind die Hinreihen notiert.

In den HinR mit der RandM und der M vor dem rechten Pfeil beginnen, den Rapport von 6 M zwischen den Pfeilen stets wiederholen und mit der M und der RandM nach dem linken Pfeil enden.
In den RückR alle M zwischen den RandM links stricken.

Die 1. - 4. Reihe stets wiederholen.

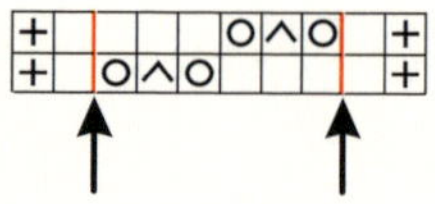

Zeichenerklärung:

- ⋀ = 1 doppelter Überzug
- ○ = 1 Umschlag
- □ = 1 Masche rechts
- + = Randmasche

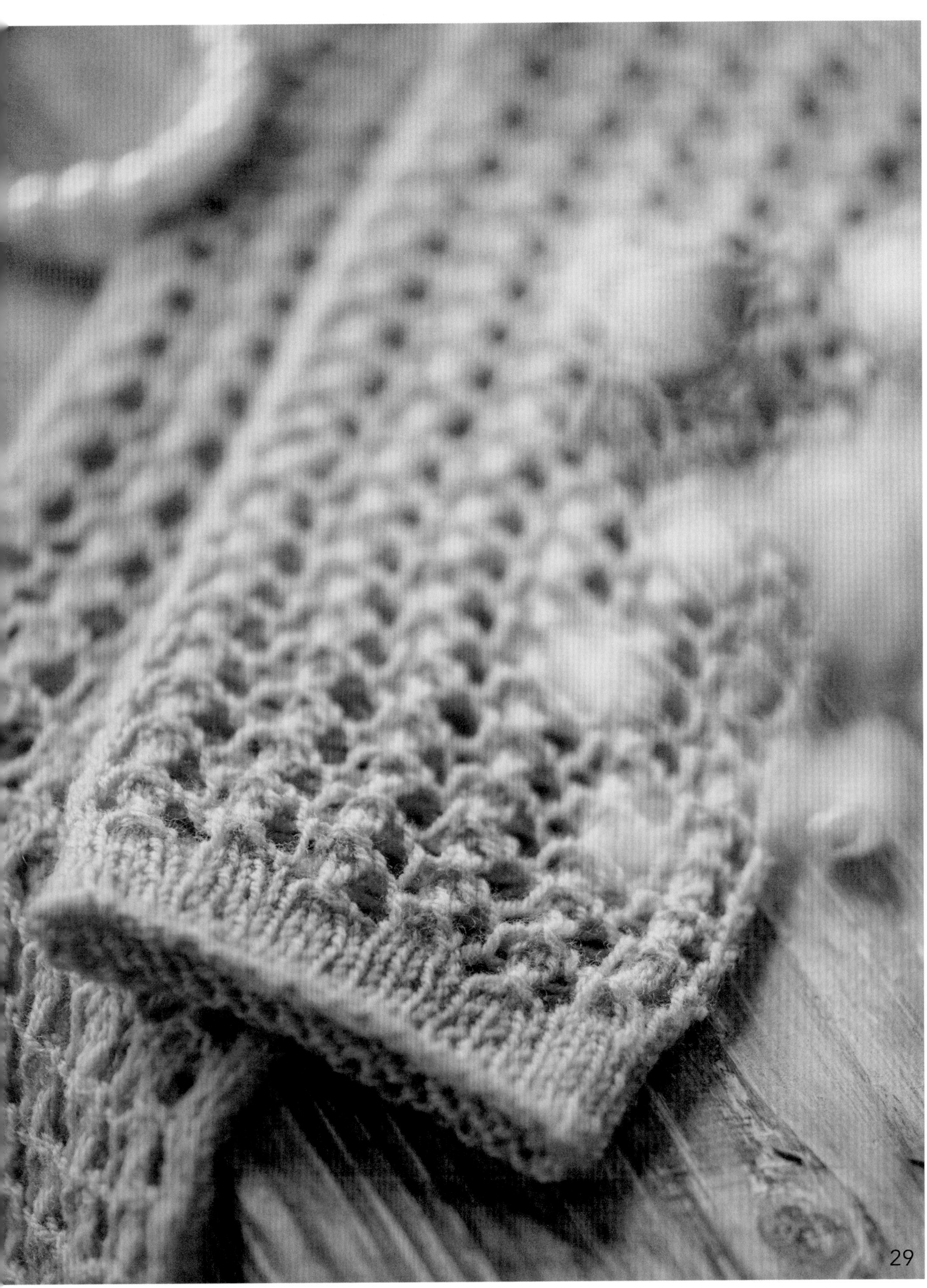

Doppelte Vierecke

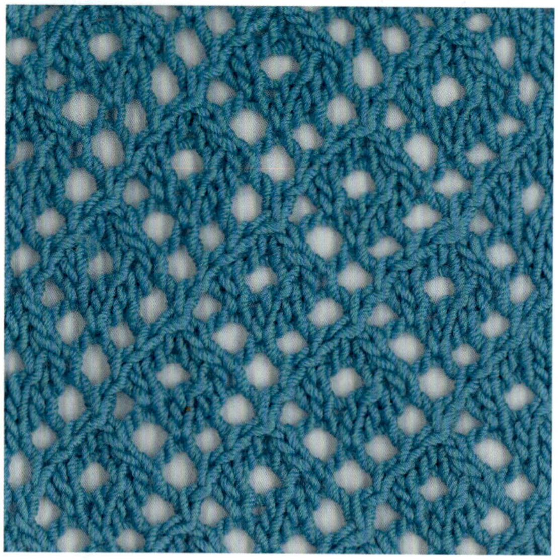

Schwierigkeitsgrad anspruchsvoll
Kategorie glatt rechts gefülltes Filetmuster

Maschenzahl teilbar durch 6 + 9 + 2 Randmaschen.

STRICKEN NACH MUSTERBESCHREIBUNG

1. Reihe (Hinreihe): RandM, 1 M rechts, 1 Umschlag, 1 einfacher Überzug, 1 M rechts, * 1 Umschlag, 1 einfacher Überzug, 1 M rechts, 1 Umschlag, 1 einfacher Überzug, 1 M rechts; ab * stets wiederholen, 1 Umschlag, 1 einfacher Überzug, 1 M rechts, 1 Umschlag, 1 einfacher Überzug, RandM.

2. Reihe (Rückreihe) und alle folgenden Rückreihen: RandM, alle M und Umschläge links stricken, RandM.

3. Reihe: RandM, 2 M rechts, 2 M rechts zusammen, 1 Umschlag, * 1 M rechts, 1 Umschlag, 1 einfacher Überzug, 1 M rechts, 2 M rechts zusammen, 1 Umschlag; ab * stets wiederholen, 1 M rechts, 1 Umschlag, 1 einfacher Überzug, 2 M rechts, RandM.

5. Reihe: RandM, 1 M rechts, 2 M rechts zusammen, 1 Umschlag, 1 M rechts, * 2 M rechts, 1 Umschlag, 1 doppelter Überzug, 1 Umschlag, 1 M rechts; ab * stets wiederholen, 2 M rechts, 1 Umschlag, 1 einfacher Überzug, 1 M rechts, RandM.

7. Reihe: RandM, 1 M rechts, 1 Umschlag, 1 einfacher Überzug, 1 M rechts, * 1 Umschlag, 1 einfacher Überzug, 1 M rechts, 1 Umschlag, 1 einfacher Überzug, 1 M rechts; ab * stets wiederholen, 1 Umschlag, 1 einfacher Überzug, 1 M rechts, 1 Umschlag, 1 einfacher Überzug, RandM.

9. Reihe: RandM, 2 M rechts, 1 Umschlag, 1 einfacher Überzug, * 1 M rechts, 2 M rechts zusammen, 1 Umschlag, 1 M rechts, 1 Umschlag, 1 einfacher Überzug; ab * stets wiederholen, 1 M rechts, 2 M rechts zusammen, 1 Umschlag, 2 M rechts, RandM.

11. Reihe: RandM, 3 M rechts, 1 Umschlag, * 1 doppelter Überzug, 1 Umschlag, 3 M rechts, 1 Umschlag; ab * stets wiederholen, 1 doppelter Überzug, 1 Umschlag, 3 M rechts, RandM.

Die 1. – 12. Reihe stets wiederholen.

STRICKEN NACH STRICKSCHRIFT

In der Strickschrift sind die Hinreihen notiert.

<u>In den HinR</u> mit der RandM und den 4 M vor dem rechten Pfeil beginnen, den Rapport von 6 M zwischen den Pfeilen stets wiederholen und mit den 5 M und der RandM nach dem linken Pfeil enden.
<u>In den RückR</u> alle M zwischen den RandM links stricken.

Die 1. – 12. Reihe stets wiederholen.

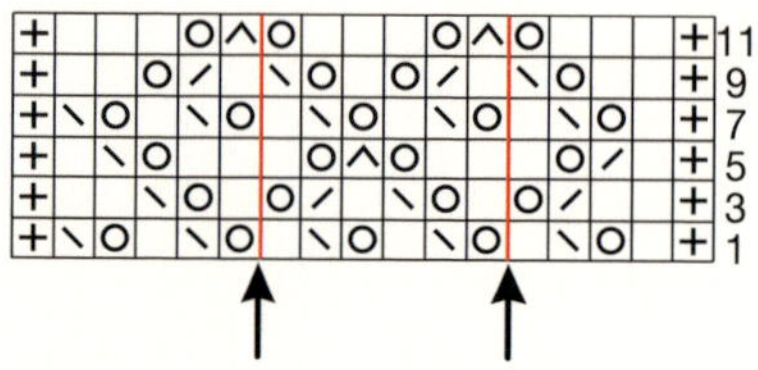

Zeichenerklärung:

□ = 1 M rechts
⧄ = 2 M rechts zusammen
○ = 1 Umschlag
⧅ = 1 einfacher Überzug
△ = 1 doppelter Überzug
⊞ = Randmasche

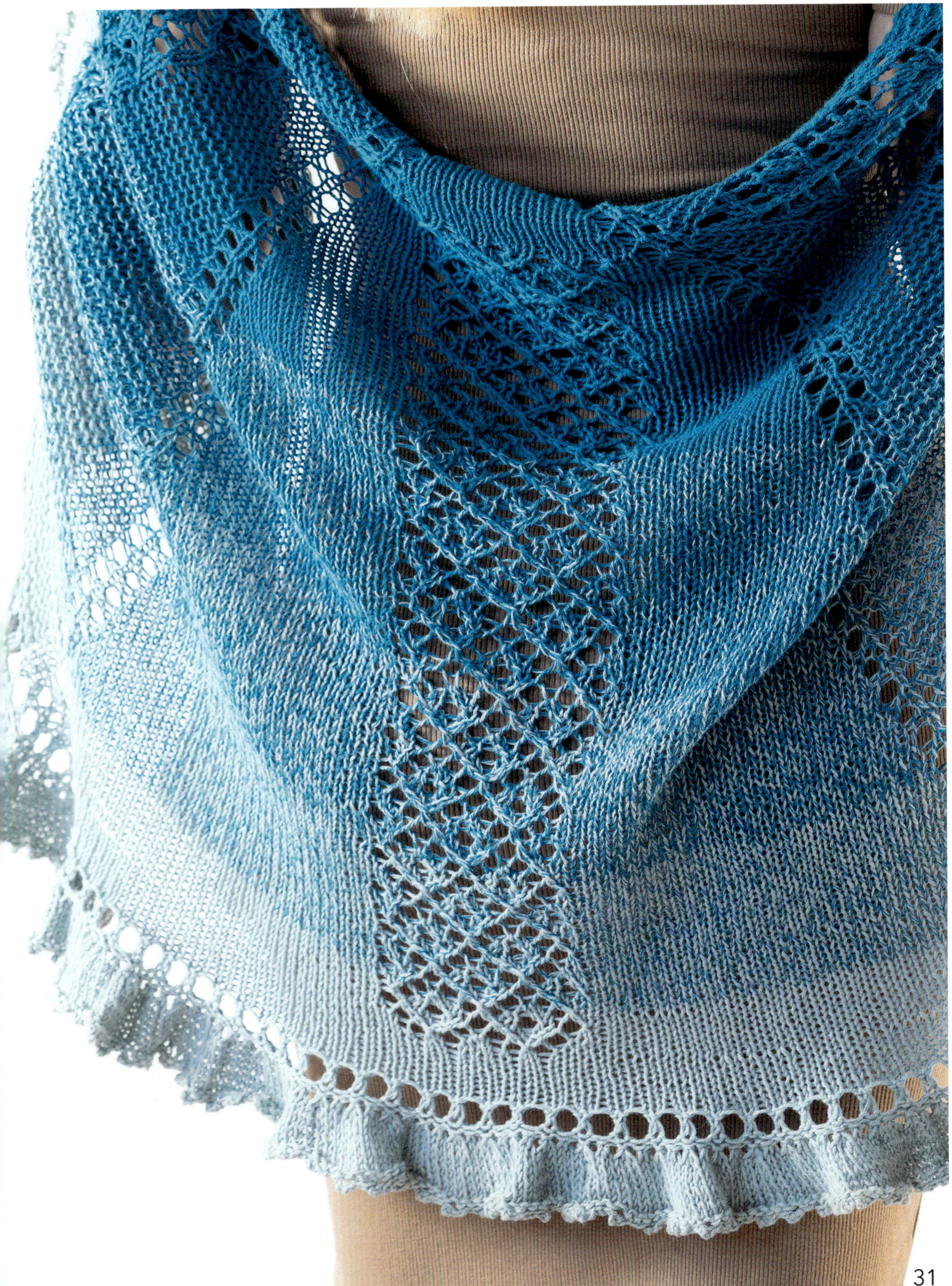

Ajourrippenmuster

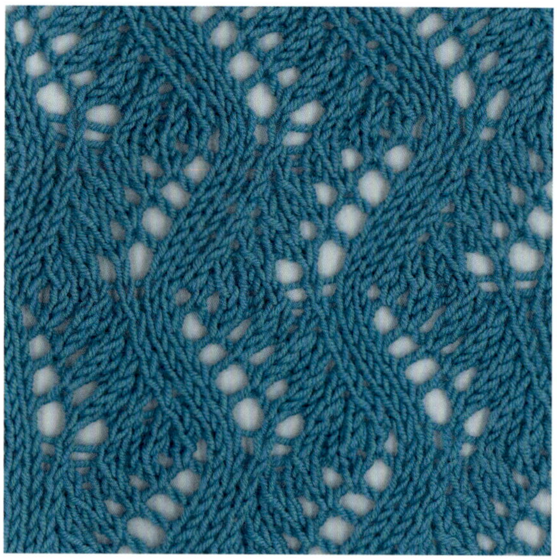

Schwierigkeitsgrad mittel
Kategorie wellenförmiges, glatt rechtes Ajourmuster

Maschenzahl teilbar durch 9 + 2 + 2 Randmaschen.

STRICKEN NACH MUSTERBESCHREIBUNG

1. Reihe (Hinreihe): RandM, * 2 M rechts, 1 Umschlag, 1 M rechts, 1 Umschlag, 2 M rechts, 1 einfacher Überzug, 2 M rechts zusammen; ab * stets wiederholen, 2 M rechts, RandM.
2. Reihe (Rückreihe) und alle folgenden Rückreihen: RandM, alle M und Umschläge links stricken, RandM.
3. - 10. Reihe: 4x die 1. - 2. Reihe
11. Reihe: RandM, * 2 M rechts, 1 einfacher Überzug, 2 M rechts zusammen, 2 M rechts, 1 Umschlag, 1 M rechts, 1 Umschlag; ab * stets wiederholen, 2 M rechts, RandM.
13. - 20. Reihe: 4x die 11. - 12. Reihe

Die 1. - 20. Reihe stets wiederholen.

STRICKEN NACH STRICKSCHRIFT

In der Strickschrift sind die Hinreihen notiert.

In den HinR mit der RandM vor dem rechten Pfeil beginnen, den Rapport von 9 M zwischen den Pfeilen stets wiederholen und mit den 2 M und der RandM nach dem linken Pfeil enden. In den RückR alle M zwischen den RandM links stricken.

Die 1. - 20. Reihe stets wiederholen.

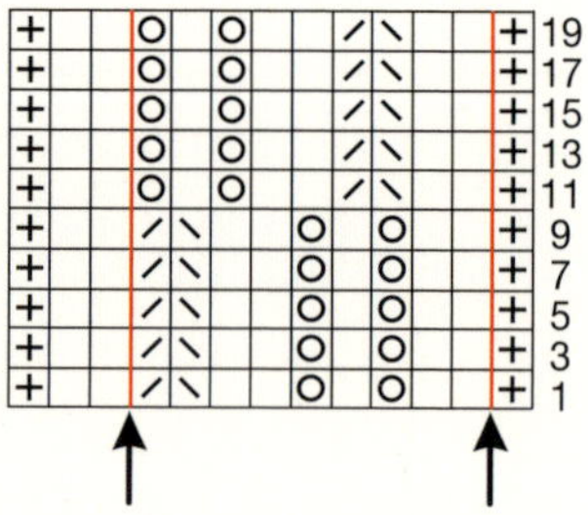

Zeichenerklärung:

- □ = 1 Masche rechts
- / = 2 Maschen rechts zusammen
- O = 1 Umschlag
- \ = 1 einfacher Überzug
- + = Randmasche

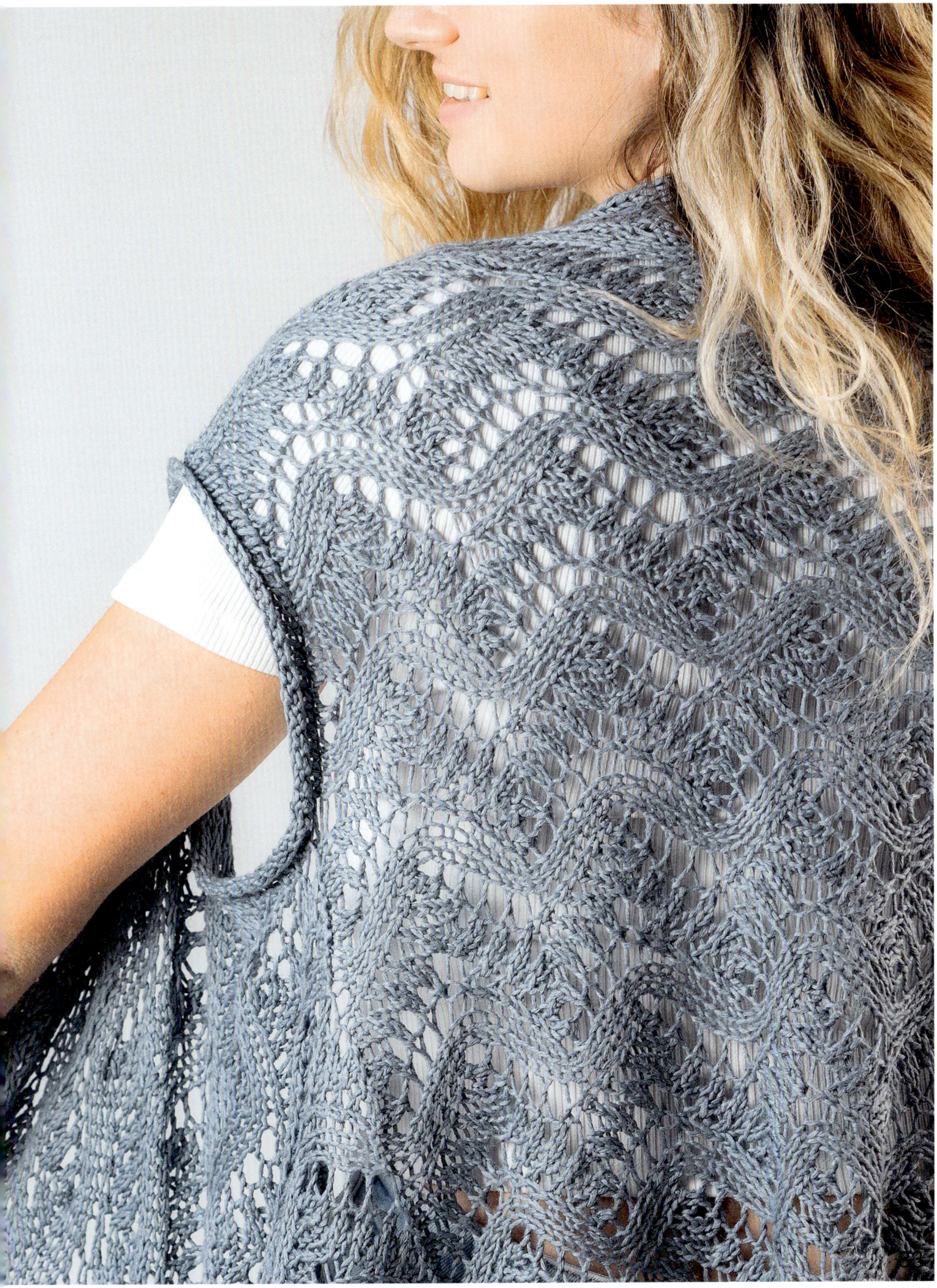

Rautenmuster

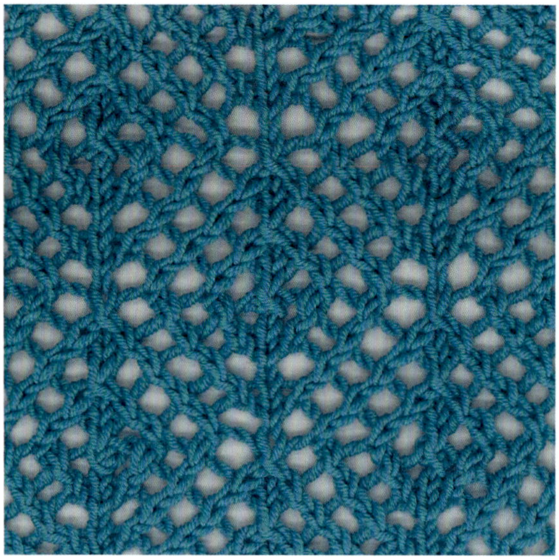

Schwierigkeitsgrad anspruchsvoll
Kategorie glatt rechts gefülltes Filetmuster

Maschenzahl teilbar durch 12 + 5 + 2 Randmaschen.

STRICKEN NACH MUSTERBESCHREIBUNG

1. Reihe (Hinreihe): RandM, 2 M rechts zusammen, 1 Umschlag, * 1 M rechts, [1 Umschlag, 1 einfacher Überzug] 2x, 1 Umschlag, 1 doppelter Überzug, 1 Umschlag, [2 M rechts zusammen, 1 Umschlag] 2x; ab * stets wiederholen, 1 M rechts, 1 Umschlag, 1 einfacher Überzug, RandM.
2. Reihe (Rückreihe) und alle folgenden Rückreihen: RandM, alle M und Umschläge links stricken, RandM.
3. Reihe: RandM, 2 M rechts, * 2 M rechts, [1 Umschlag, 1 einfacher Überzug] 2x, 1 M rechts, [2 M rechts zusammen, 1 Umschlag] 2x, 1 M rechts; ab * stets wiederholen, 3 M rechts, RandM.
5. Reihe: wie die 1. Reihe
7. Reihe: wie die 3. Reihe
9. Reihe: wie die 1. Reihe
11. Reihe: RandM, 1 M rechts, 1 Umschlag, * 1 doppelter Überzug, 1 Umschlag, [2 M rechts zusammen, 1 Umschlag] 2x, 1 M rechts, [1 Umschlag, 1 einfacher Überzug] 2x, 1 Umschlag; ab * stets wiederholen, 1 doppelter Überzug, 1 Umschlag, 1 M rechts, RandM.
13. Reihe: RandM, 2 M rechts, * 1 M rechts, [2 M rechts zusammen, 1 Umschlag] 2x, 3 M rechts, [1 Umschlag, 1 einfacher Überzug] 2x; ab * stets wiederholen, 3 M rechts, RandM.
15. Reihe: wie die 11. Reihe
17. Reihe: wie die 13. Reihe
19. Reihe: wie die 11. Reihe

Die 1. - 20. Reihe stets wiederholen.

STRICKEN NACH STRICKSCHRIFT

In der Strickschrift sind die Hinreihen notiert.

In den HinR mit der RandM und den 2 M vor dem rechten Pfeil beginnen, den Rapport von 12 M zwischen den Pfeilen stets wiederholen und mit den 3 M und der RandM nach dem linken Pfeil enden.
In den RückR alle M zwischen den RandM links stricken.

Die 1. - 20. Reihe stets wiederholen.

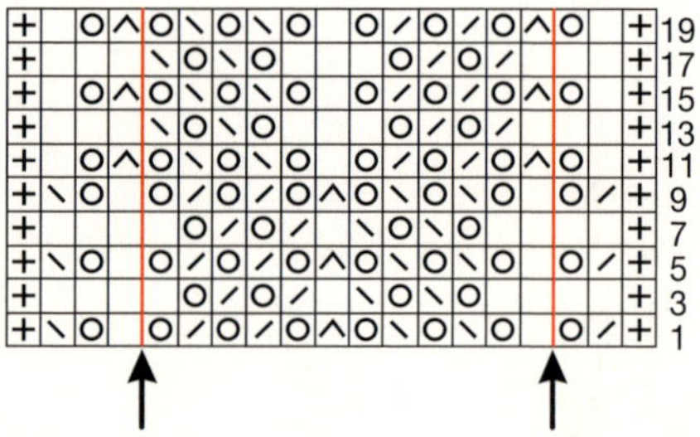

Zeichenerklärung:

╲ = 1 einfacher Überzug
╱ = 2 Maschen rechts zusammen
△ = 1 doppelter Überzug
○ = 1 Umschlag
☐ = 1 Masche rechts
⊞ = Randmasche

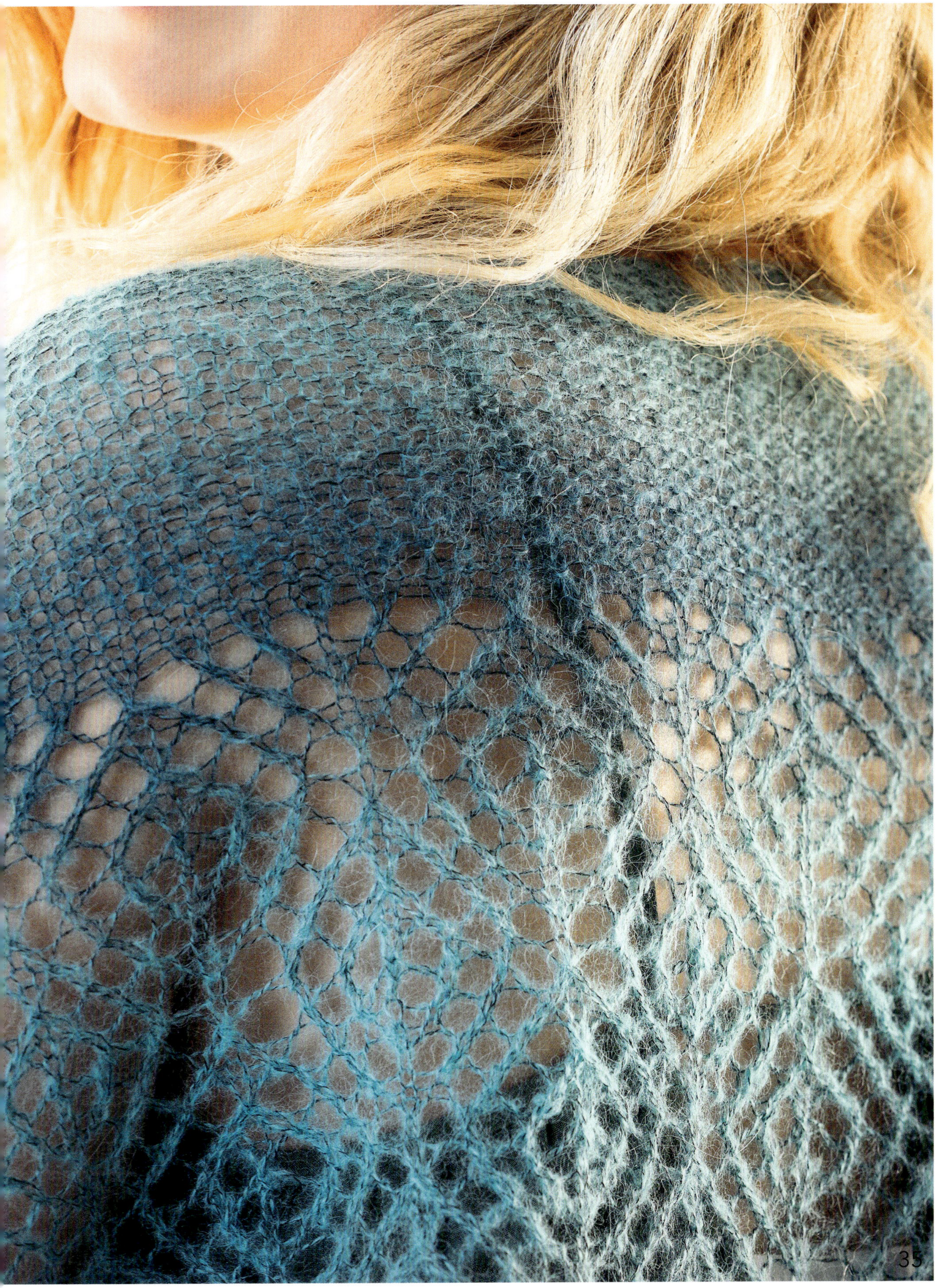

Blattmuster

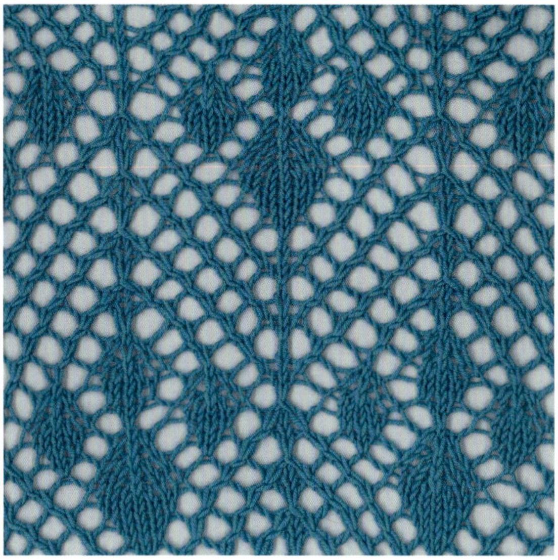

Schwierigkeitsgrad anspruchsvoll
Kategorie glatt rechts gefülltes Filetmuster

Maschenzahl teilbar durch 16 + 17 + 2 Randmaschen.

STRICKEN NACH MUSTERBESCHREIBUNG

1. Reihe (Hinreihe): RandM, 2 M rechts zusammen, * [1 Umschlag, 2 M rechts zusammen] 3x, 1 Umschlag, 1 M rechts, [1 Umschlag, 1 einfacher Überzug] 3x, 1 Umschlag, 1 doppelter Überzug; ab * stets wiederholen, [1 Umschlag, 2 M rechts zusammen] 3x, 1 Umschlag, 1 M rechts, [1 Umschlag, 1 einfacher Überzug] 4x, RandM.
2. Reihe (Rückreihe) und alle folgenden Rückreihen: RandM, alle M links, RandM.
3. Reihe: RandM, 1 M rechts, * [2 M rechts zusammen, 1 Umschlag] 3x, 3 M rechts, [1 Umschlag, 1 einfacher Überzug] 3x, 1 M rechts; ab * stets wiederholen, RandM.
5. Reihe: RandM, 2 M rechts zusammen, * [1 Umschlag, 2 M rechts zusammen] 2x, 1 Umschlag, 5 M rechts, [1 Umschlag, 1 einfacher Überzug] 2x, 1 Umschlag, 1 doppelter Überzug; ab * stets wiederholen, [1 Umschlag, 2 M rechts zusammen] 2x, 1 Umschlag, 5 M rechts, [1 Umschag, 1 einfacher Überzug] 3x, RandM.
7. Reihe: RandM, 1 M rechts, * [2 M rechts zusammen, 1 Umschlag] 2x, 7 M rechts, [1 Umschlag, 1 einfacher Überzug] 2x, 1 M rechts; ab * stets wiederholen, RandM.
9. Reihe: RandM, 2 M rechts zusammen, * 1 Umschlag, 2 M rechts zusammen, 1 Umschlag, 1 M rechts, 1 Umschlag, 2 M rechts, 1 doppelter Überzug mit aufliegender MittelM, 2 M rechts, 1 Umschlag, 1 M rechts, 1 Umschlag, 1 einfacher Überzug, 1 Umschlag, 1 doppelter Überzug; ab * stets wiederholen, 1 Umschlag, 2 M rechts zusammen, 1 Umschlag, 1 M rechts, 1 Umschlag, 2 M rechts, 1 doppelter Überzug mit aufliegender MittelM, 2 M rechts, 1 Umschlag, 1 M rechts, [1 Umschlag, 1 einfacher Überzug] 2x, RandM.
11. Reihe: RandM, 1 M rechts, * 2 M rechts zusammen, 1 Umschlag, 3 M rechts, 1 Umschlag, 1 M rechts, 1 doppelter Überzug mit aufliegender MittelM, 1 M rechts, 1 Umschlag, 3 M rechts, 1 Umschlag, 1 einfacher Überzug, 1 M rechts; ab * stets wiederholen, RandM.
13. Reihe: RandM, 2 M rechts zusammen, * 1 Umschlag, 5 M rechts, 1 Umschlag, 1 doppelter Überzug mit aufliegender MittelM, 1 Umschlag, 5 M rechts, 1 Umschlag, 1 doppelter Überzug; ab * stets wiederholen, 1 Umschlag, 5 M rechts, 1 Umschlag, 1 doppelter Überzug mit aufliegender MittelM, 1 Umschlag, 5 M rechts, 1 Umschlag, 1 einfacher Überzug, RandM.
15. Reihe: RandM, 1 M rechts, * 1 M rechts, 1 Umschlag, 1 M rechts, 1 doppelter Überzug mit aufliegender MittelM, 1 M rechts, 1 Umschlag, 2 M rechts; ab * stets wiederholen, RandM.
17. Reihe: RandM, 1 M rechts, * 1 Umschlag, 1 einfacher Überzug, 1 Umschlag, 1 doppelter Überzug mit aufliegender MittelM, 1 Umschlag, 5 M rechts, 1 Umschlag, 1 doppelter Überzug mit aufliegender MittelM, 1 Umschlag, 2 M rechts zusammen, 1 Umschlag, 1 M rechts; ab * stets wiederholen, RandM.
19. Reihe: RandM, 1 M rechts, * 1 M rechts, [1 Umschlag, 1 einfacher Überzug] 2x, 1 Umschlag, 1 M rechts, 1 doppelter Überzug mit aufliegender MittelM, 1 M rechts, [1 Umschlag, 2 M rechts zusammen] 2x, 1 Umschlag, 2 M rechts; ab * stets wiederholen, RandM.
21. Reihe: RandM, 1 M rechts, * [1 Umschlag, 1 einfacher Überzug] 3x, 1 Umschlag, 1 doppelter Überzug mit aufliegender MittelM, [1 Um-

schlag, 2 M rechts zusammen] 3x, 1 Umschlag, 1 M rechts; ab * stets wiederholen, RandM.
23. Reihe: RandM, 1 M rechts, * 1 M rechts, [1 Umschlag, 1 einfacher Überzug] 3x, 1 M rechts, [2 M rechts zusammen, 1 Umschlag] 3x, 2 M rechts; ab * stets wiederholen, RandM.
25. Reihe: RandM, 1 M rechts, * [1 Umschlag, 1 einfacher Überzug] 3x, 1 Umschlag, 1 doppelter Überzug, 1 Umschlag, [2 M rechts zusammen, 1 Umschlag] 3x, 1 M rechts; ab * stets wiederholen, RandM.
27. Reihe: RandM, 1 M rechts, * 1 M rechts, [1 Umschlag, 1 einfacher Überzug] 3x, 1 M rechts, [2 M rechts zusammen, 1 Umschlag] 3x, 2 M rechts; ab * stets wiederholen, RandM.
29. Reihe: RandM, 1 M rechts, * 2 M rechts, [1 Umschlag, 1 einfacher Überzug] 2x, 1 Umschlag, 1 doppelter Überzug, 1 Umschlag, [2 M rechts zusammen, 1 Umschlag] 2x, 3 M rechts; ab * stets wiederholen, RandM.
31. Reihe: RandM, 1 M rechts, * 3 M rechts, [1 Umschlag, 1 einfacher Überzug] 2x, 1 M rechts, [2 M rechts zusammen, 1 Umschlag] 2x, 4 M rechts; ab * stets wiederholen, RandM.
33. Reihe: RandM, 2 M rechts zusammen, * 2 M rechts, 1 Umschlag, 1 M rechts, 1 Umschlag, 1 einfacher Überzug, 1 Umschlag, 1 doppelter Überzug, 1 Umschlag, 2 M rechts zusammen, 1 Umschlag, 1 M rechts, 1 Umschlag, 2 M rechts, 1 doppelter Überzug mit aufliegender MittelM; ab * stets wiederholen, 2 M rechts, 1 Umschlag, 1 M rechts, 1 Umschlag, 1 einfacher Überzug, 1 Umschlag, 1 doppelter Überzug, 1 Umschlag, 2 M rechts zusammen, 1 Umschlag, 1 M rechts, 1 Umschlag, 2 M rechts, 1 einfacher Überzug, RandM.
35. Reihe: RandM, 2 M rechts zusammen, * 1 M rechts, 1 Umschlag, 3 M rechts, 1 Umschlag, 1 einfacher Überzug, 1 M rechts, 2 M rechts zusammen, 1 Umschlag, 3 M rechts, 1 Umschlag, 1 M rechts, 1 doppelter Überzug mit aufliegender MittelM; ab * stets wiederholen, 1 M rechts, 1 Umschlag, 3 M rechts, 1 Umschlag, 1 einfacher Überzug, 1 M rechts, 2 M rechts zusammen, 1 Umschlag, 3 M rechts, 1 Umschlag, 1 M rechts, 1 einfacher Überzug, RandM.
37. Reihe: RandM, 2 M rechts zusammen, * 1 Umschlag, 5 M rechts, 1 Umschlag, 1 doppelter Überzug, 1 Umschlag, 5 M rechts, 1 Umschlag, 1 doppelter Überzug mit aufliegender MittelM; ab * stets wiederholen, 1 Umschlag, 5 M rechts, 1 Umschlag, 1 doppelter Überzug, 1 Umschlag, 5 M rechts, 1 Umschlag, 1 einfacher Überzug, RandM.
39. Reihe: wie Reihe 15
41. Reihe: RandM, 1 M rechts, * 2 M rechts, 1 Umschlag, 1 doppelter Überzug mit aufliegender MittelM, 1 Umschlag, 2 M rechts zusammen, 1 Umschlag, 1 M rechts, 1 Umschlag, 1 einfacher Überzug, 1 Umschlag, 1 doppelter Überzug mit aufliegender MittelM, 1 Umschlag, 3 M rechts; ab * stets wiederholen, RandM.
43. Reihe: RandM, 2 M rechts zusammen, * 1 M rechts, [1 Umschlag, 2 M rechts zusammen] 2x, 1 Umschlag, 3 M rechts, [1 Umschlag, 1 einfacher Überzug] 2x, 1 Umschlag, 1 M rechts, 1 doppelter Überzug mit aufliegender MittelM; ab * stets wiederholen, 1 M rechts, [1 Umschlag, 2 M rechts zusammen] 2x, 1 Umschlag, 3 M rechts, [1 Umschlag, 1 einfacher Überzug] 2x, 1 Umschlag, 1 M rechts, 1 einfacher Überzug, RandM.
45. Reihe: RandM, 2 M rechts zusammen, * [1 Umschlag, 2 M rechts zusammen] 3x, 1 Umschlag, 1 M rechts, [1 Umschlag, 1 einfacher Überzug] 3x, 1 Umschlag, 1 doppelter Überzug mit aufliegender MittelM; ab * stets wiederholen, [1 Umschlag, 2 M rechts zusammen] 3x, 1 Umschlag, 1 M rechts, [1 Umschlag, 1 einfacher Überzug] 4x, RandM.
47. Reihe: RandM, 1 M rechts, * [2 M rechts zusammen, 1 Umschlag] 3x, 3 M rechts, [1 Umschlag, 1 einfacher Überzug] 3x, 1 M rechts; ab * stets wiederholen, RandM.

Die 1. – 48. Reihe stets wiederholen.

STRICKEN NACH STRICKSCHRIFT

In der Strickschrift sind die Hinreihen notiert.

In den HinR mit der RandM und der M vor dem rechten Pfeil beginnen, den Rapport von 16 M zwischen den Pfeilen stets wiederholen und mit den 16 M und der RandM nach dem linken Pfeil enden.
In den RückR alle M und Umschläge zwischen den RandM links stricken.

Die 1. - 48. Reihe stets wiederholen.

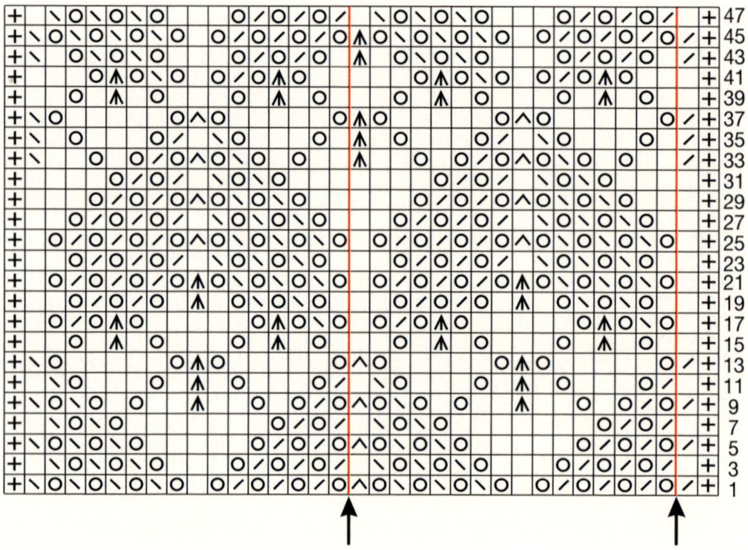

Zeichenerklärung:

- □ = 1 Masche rechts
- / = 2 Maschen rechts zusammen
- O = 1 Umschlag
- ⩚ = 1 doppelter Überzug mit aufliegender Mittelmasche
- \ = 1 einfacher Überzug
- ∧ = 1 doppelter Überzug
- + = Randmasche

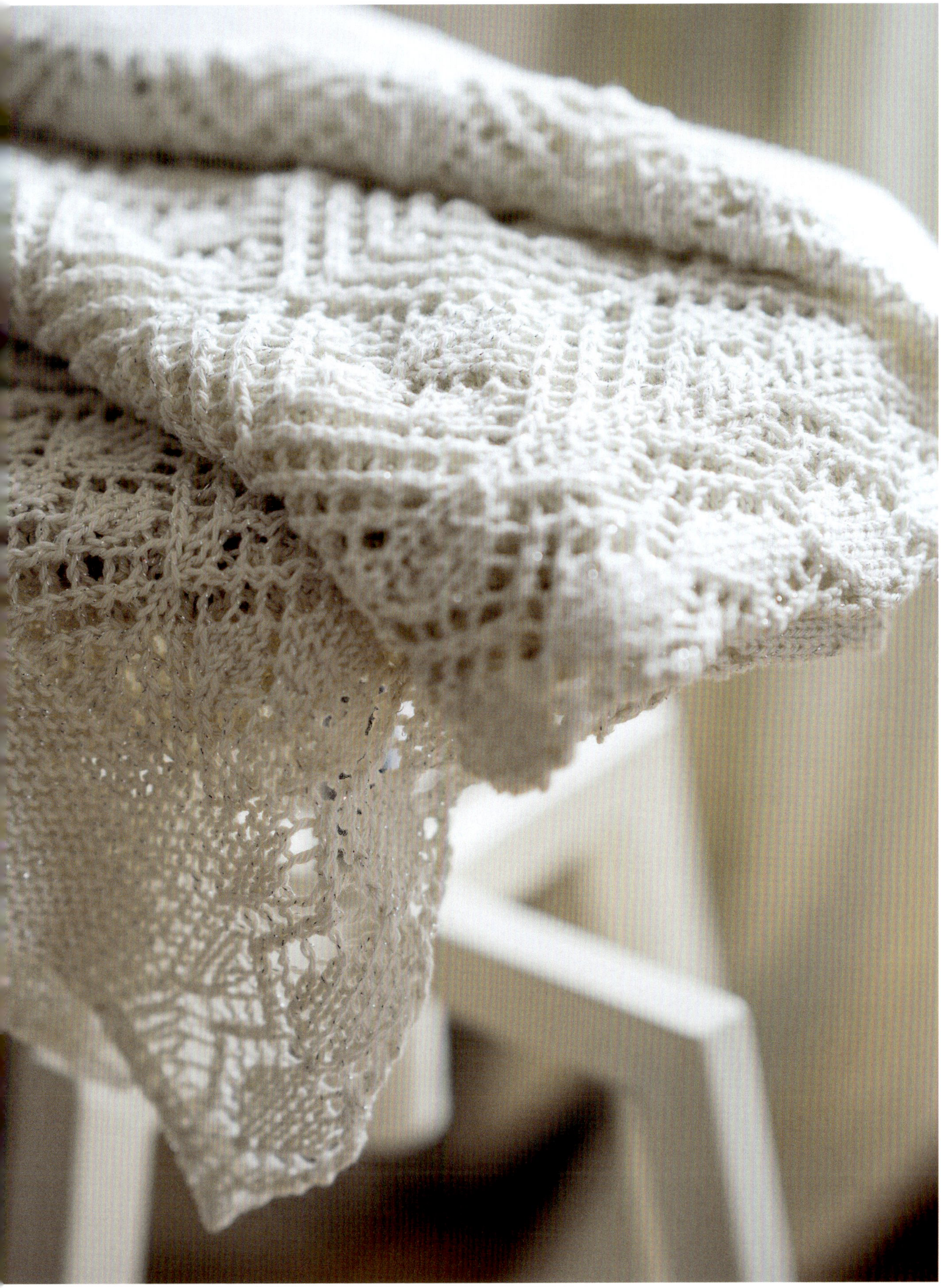

Rautenbordüre rechts

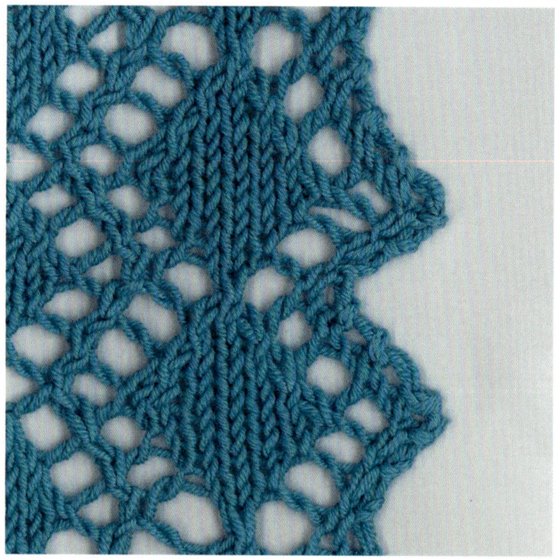

Schwierigkeitsgrad anspruchsvoll
Kategorie Lochmusterborte

Das Muster beginnt mit 10 M, die MZahl variiert im weiteren Verlauf.

STRICKEN NACH MUSTERBESCHREIBUNG

1. Reihe (Hinreihe): 1 M rechts, 1 M rechts verschränkt, 1 Umschlag, 1 M rechts, 1 Umschlag, 1 einfacher Überzug, 1 Umschlag, 2 M rechts zusammen, 3 M rechts.
2. Reihe (Rückreihe) und alle folgenden Rückreihen: 1 M rechts, alle M bis zur letzten M links, 1 M rechts.
3. Reihe: 1 M rechts, 1 M rechts verschränkt, 1 Umschlag, 3 M rechts, 1 Umschlag, 1 einfacher Überzug, 1 Umschlag, 2 M rechts zusammen, 2 M rechts.
5. Reihe: 1 M rechts, 1 M rechts verschränkt, 1 Umschlag, 5 M rechts, 1 Umschlag, 1 einfacher Überzug, 1 Umschlag, 2 M rechts zusammen, 1 M rechts.
7. Reihe: 1 M rechts, 1 M rechts verschränkt, 1 Umschlag, 7 M rechts, 1 Umschlag, 1 einfacher Überzug, 1 Umschlag, 2 M rechts zusammen.
9. Reihe: 1 einfacher Überzug, 1 M rechts, 1 Umschlag, 2 M rechts zusammen, 3 M rechts, 1 einfacher Überzug, 1 Umschlag, 2 M rechts zusammen, 1 Umschlag, 2 M rechts.
11. Reihe: 1 einfacher Überzug, 1 M rechts, 1 Umschlag, 2 M rechts zusammen, 1 M rechts, 1 einfacher Überzug, 1 Umschlag, 2 M rechts zusammen, 1 Umschlag, 3 M rechts.
13. Reihe: 1 einfacher Überzug, 1 M rechts, 1 Umschlag, 1 doppelter Überzug mit aufliegende MittelM, 1 Umschlag, 2 M rechts zusammen, 1 Umschlag, 4 M rechts.

Einmal die 1. - 14. Reihe arbeiten, dann die 3. - 14. Reihe stets wiederholen.

STRICKEN NACH STRICKSCHRIFT

In der Strickschrift sind Hin- und Rückreihen notiert. Die Maschen sind so gezeichnet, wie sie gestrickt werden. In Hinreihen rechts und in Rückreihen links notierte Maschen ergeben also ein glatt rechtes Maschenbild, in Hin- und Rückreihen rechts notierte Maschen ergeben ein kraus rechtes Maschenbild.

In den HinR einmal alle M nach Strickschrift arbeiten.
In den RückR die 1. M und die letzte M rechts, alle übrigen M links stricken.

1x die 1. - 14. Reihe stricken, dann die 3. - 14. Reihe stets wiederholen.

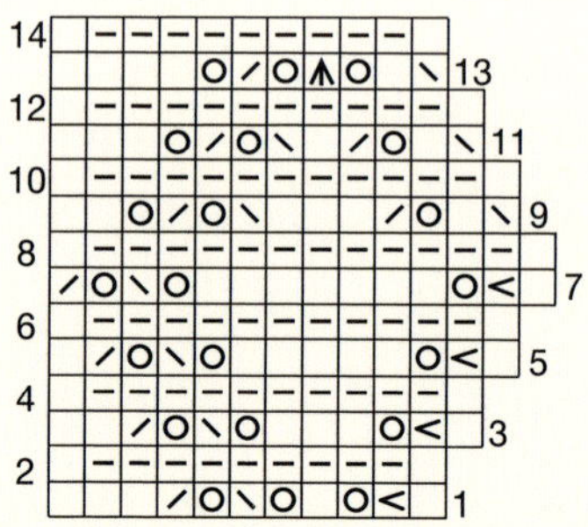

Zeichenerklärung:

- □ = 1 Masche rechts
- ⁄ = 2 Maschen rechts zusammen
- ○ = 1 Umschlag
- – = 1 Masche links
- \ = 1 einfacher Überzug
- < = 1 Masche rechts verschränkt
- ⋀ = 1 doppelter Überzug mit aufliegender Mittelmasche

Rautenbordüre links

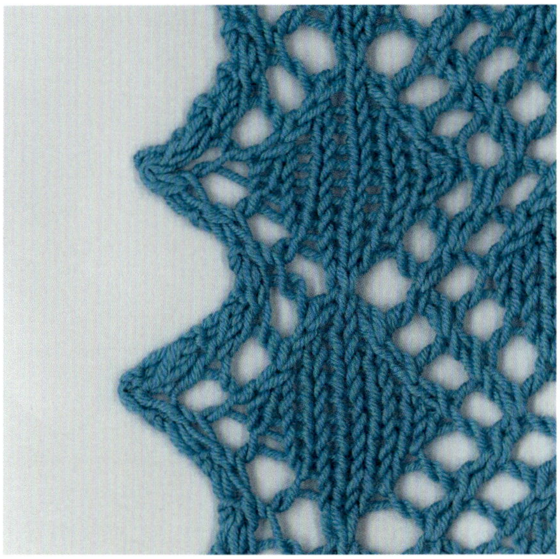

Schwierigkeitsgrad anspruchsvoll
Kategorie Lochmusterborte

Das Muster beginnt mit 10 M, die MZahl variiert im weiteren Verlauf.

STRICKEN NACH MUSTERBESCHREIBUNG

1. Reihe (Hinreihe): 3 M rechts, 2 M rechts zusammen, 1 Umschlag, 1 einfacher Überzug, 1 Umschlag, 1 M rechts, 1 Umschlag, 1 M rechts verschränkt, 1 M rechts.
2. Reihe (Rückreihe) und alle folgenden Rückreihen: 1 M rechts, alle M bis zur letzten M links, 1 M rechts.
3. Reihe: 2 M rechts, 2 M rechts zusammen, 1 Umschlag, 1 einfacher Überzug, 1 Umschlag, 3 M rechts, 1 Umschlag, 1 M rechts verschränkt, 1 M rechts.
5. Reihe: 1 M rechts, 2 M rechts zusammen, 1 Umschlag, 1 einfacher Überzug, 1 Umschlag, 5 M rechts, 1 Umschlag, 1 M rechts verschränkt, 1 M rechts.
7. Reihe: 2 M rechts zusammen, 1 Umschlag, 1 einfacher Überzug, 1 Umschlag, 7 M rechts, 1 Umschlag, 1 M rechts verschränkt, 1 M rechts.
9. Reihe: 2 M rechts, 1 Umschlag, 2 M rechts zusammen, 1 Umschlag, 1 einfacher Überzug, 3 M rechts, 2 M rechts zusammen, 1 Umschlag, 1 M rechts, 1 einfacher Überzug.
11. Reihe: 3 M rechts, 1 Umschlag, 2 M rechts zusammen, 1 Umschlag, 1 einfacher Überzug, 1 M rechts, 2 M rechts zusammen, 1 Umschlag, 1 M rechts, 1 einfacher Überzug.
13. Reihe: 4 M rechts, 1 Umschlag, 2 M rechts zusammen, 1 Umschlag, 1 doppelter Überzug mit aufliegender MittelM, 1 Umschlag, 1 M rechts, 1 einfacher Überzug.

Einmal die 1. - 14. Reihe arbeiten, dann die 3. - 14. Reihe stets wiederholen.

STRICKEN NACH STRICKSCHRIFT

In der Strickschrift sind Hin- und Rückreihen notiert. Die Maschen sind so gezeichnet, wie sie gestrickt werden. In Hinreihen rechts und in Rückreihen links notierte Maschen ergeben also ein glatt rechtes Maschenbild, in Hin- und Rückreihen rechts notierte Maschen ergeben ein kraus rechtes Maschenbild.

In den HinR einmal alle M nach Strickschrift arbeiten.
In den RückR die 1. M und die letzte M rechts, alle übrigen M links stricken.

1x die 1. - 14. Reihe stricken, dann die 3. - 14. Reihe stets wiederholen.

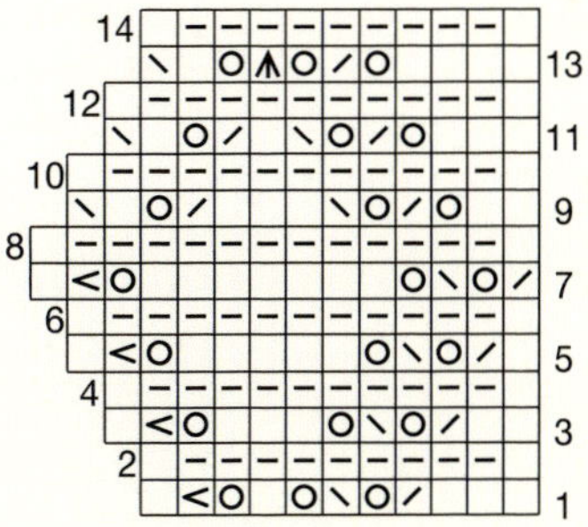

Zeichenerklärung:

□ = 1 Masche rechts
/ = 2 Maschen rechts zusammen
○ = 1 Umschlag
– = 1 Masche links
\ = 1 einfacher Überzug
< = 1 Masche rechts verschränkt
Λ = 1 doppelter Überzug mit aufliegender Mittelmasche

Kreuzende Rippen

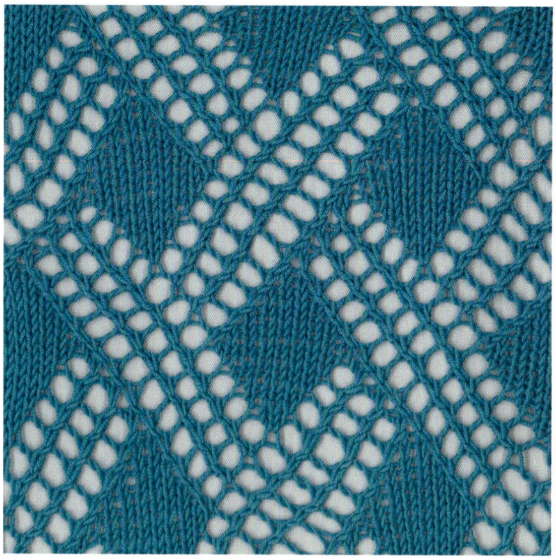

Schwierigkeitsgrad anspruchsvoll
Kategorie glatt rechts gefülltes Filetmuster

Maschenzahl teilbar durch 15 + 4 + 2 Randmaschen.

STRICKEN NACH MUSTERBESCHREIBUNG

1. Reihe (Hinreihe): RandM, 3 M rechts, * [2 M rechts zusammen, 1 Umschlag] 3x, 1 M rechts, [1 Umschlag, 1 einfacher Überzug] 3x, 2 M rechts; ab * stets wiederholen, 1 M rechts, RandM.
2. Reihe (Rückreihe) und alle folgenden Rückreihen: RandM, alle M und U links, RandM.
3. Reihe: RandM, 1 Umschlag, 1 einfacher Überzug, 2 M rechts zusammen, * [1 Umschlag, 2 M rechts zusammen] 2x, 1 Umschlag, 3 M rechts, [1 Umschlag, 1 einfacher Überzug] 3x, 2 M rechts zusammen; ab * stets wiederholen, 1 Umschlag, RandM.
5. Reihe: RandM, 1 M rechts, 2 M rechts zusammen, 1 Umschlag, * [2 M rechts zusammen, 1 Umschlag] 2x, 5 M rechts, [1 Umschlag, 1 einfacher Überzug] 2x, 2 M rechts zusammen, 1 Umschlag; ab * stets wiederholen, 1 M rechts, RandM.
7. Reihe: RandM, 2 M rechts zusammen, 1 Umschlag, 2 M rechts zusammen, * 1 Umschlag, 2 M rechts zusammen, 1 Umschlag, 7 M rechts, 1 Umschlag, 1 einfacher Überzug, 2 M rechts zusammen, 1 Umschlag, 2 M rechts zusammen; ab * stets wiederholen, 1 Umschlag, RandM.
9. Reihe: RandM, 1 M rechts, 2 M rechts zusammen, 1 Umschlag, * 2 M rechts zusammen, 1 Umschlag, 9 M rechts, [2 M rechts zusammen, 1 Umschlag] 2x; ab * stets wiederholen, 1 M rechts, RandM.
11. Reihe: RandM, 2 M rechts zusammen, 1 Umschlag, 2 M rechts zusammen, * 1 Umschlag, 1 M rechts, 1 Umschlag, 1 einfacher Überzug, 6 M rechts, [2 M rechts zusammen, 1 Umschlag] 2x, 2 M rechts zusammen; ab * stets wiederholen, 1 Umschlag, RandM.
13. Reihe: RandM, 1 M rechts, 2 M rechts zusammen, 1 Umschlag, * 1 M rechts, [1 Umschlag, 1 einfacher Überzug] 2x, 4 M rechts, [2 M rechts zusammen, 1 Umschlag] 3x; ab * stets wiederholen, 1 M rechts, RandM.
15. Reihe: RandM, 2 M rechts zusammen, 1 Umschlag, 1 M rechts, * [1 Umschlag, 1 einfacher Überzug] 3x, 2 M rechts, [2 M rechts zusammen, 1 Umschlag] 3x, 1 M rechts; ab * stets wiederholen, 1 M rechts, RandM.
17. Reihe: RandM, 3 M rechts, * 1 M rechts, [1 Umschlag, 1 einfacher Überzug] 3x, [2 M rechts zusammen, 1 Umschlag] 3x, 2 M rechts; ab * stets wiederholen, 1 M rechts, RandM.
19. Reihe: RandM, 3 M rechts, * 2 M rechts, [1 Umschlag, 1 einfacher Überzug] 3x, [2 M rechts zusammen, 1 Umschlag] 2x, 3 M rechts; ab * stets wiederholen, 1 M rechts, RandM.
21. Reihe: RandM, 3 M rechts, * 3 M rechts, [1 Umschlag, 1 einfacher Überzug] 3x, 2 M rechts zusammen, 1 Umschlag, 4 M rechts; ab * stets wiederholen, 1 M rechts, RandM.
23. Reihe: RandM, 3 M rechts, * 4 M rechts, [1 Umschlag, 1 einfacher Überzug] 3x, 5 M rechts; ab * stets wiederholen, 1 M rechts, RandM.
25. Reihe: RandM, 3 M rechts, * 2 M rechts, 2 M rechts zusammen, 1 Umschlag, 1 M rechts, [1 Umschlag, 1 einfacher Überzug] 3x, 4 M rechts; ab * stets wiederholen, 1 M rechts, RandM.
27. Reihe: RandM, 3 M rechts, * 1 M rechts, [2 M rechts zusammen, 1 Umschlag] 2x, 1 M rechts, [1 Umschlag, 1 einfacher Überzug] 3x, 3 M rechts; ab * stets wiederholen, 1 M rechts, RandM.

Die 1. – 28. Reihe stets wiederholen.

STRICKEN NACH STRICKSCHRIFT

In der Strickschrift sind die Hinreihen notiert.

In den HinR mit der RandM und den 3 M vor dem rechten Pfeil beginnen, den Rapport von 15 M zwischen den Pfeilen stets wiederholen und mit der M und der RandM nach dem linken Pfeil enden.
In den RückR alle M zwischen den RandM links stricken.

Die 1. – 28. Reihe stets wiederholen.

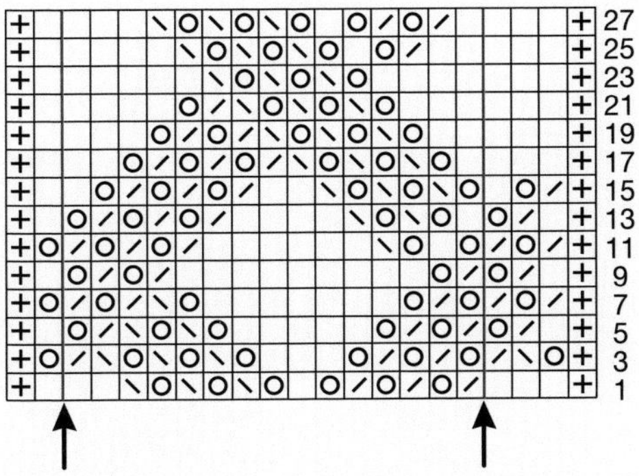

Zeichenerklärung:

╲ = 1 einfacher Überzug
╱ = 2 Maschen rechts zusammen
○ = 1 Umschlag
□ = 1 Masche rechts
⊞ = Randmasche

Muschelmuster

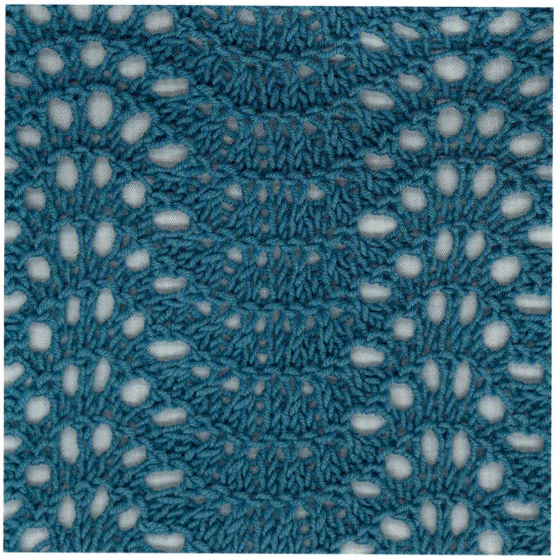

Schwierigkeitsgrad leicht
Kategorie wellenförmiges, krauses Ajourmuster

Maschenzahl teilbar durch 18 + 1
+ 2 Randmaschen.

STRICKEN NACH MUSTERBESCHREIBUNG

1. Reihe (Hinreihe): RandM, bis zur letzten M alle M rechts, RandM.
2. Reihe (Rückreihe): RandM, alle M bis zur letzten M links, RandM.
3. Reihe (Hinreihe): RandM, * 1 M rechts, [2 M rechts zusammen] 3x, [1 Umschlag, 1 M rechts] 5x, 1 Umschlag, [2 M rechts zusammen] 3x; ab * stets wiederholen, 1 M rechts, RandM.
4. Reihe (Rückreihe): RandM, alle M bis zur letzten M rechts, RandM.

Die 1. - 4. Reihe stets wiederholen.

STRICKEN NACH STRICKSCHRIFT

In der Strickschrift sind Hin- und Rückreihen notiert. Die Maschen sind so bezeichnet, wie sie gestrickt werden. In Hinreihen rechts und in Rückreihen links notierte Maschen ergeben also ein glatt rechtes Maschenbild, in Hin- und Rückreihen rechts notierte Maschen ergeben ein kraus rechtes Maschenbild.

In den HinR mit der RandM vor dem rechten Pfeil beginnen, den Rapport von 18 M zwischen den Pfeilen stets wiederholen und mit der M und der RandM nach dem linken Pfeil enden. In den RückR die Strickschrift entsprechend von links nach rechts lesen.

Die 1. - 4. Reihe stets wiederholen.

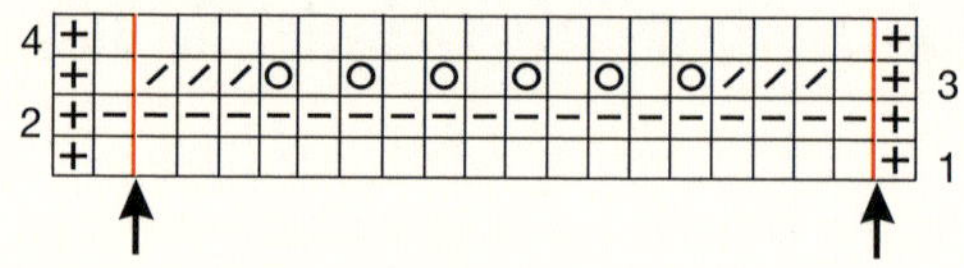

Zeichenerklärung:

- □ = 1 Masche rechts
- ⊟ = 1 Masche links
- ⧄ = 2 Maschen rechts zusammen
- ◯ = 1 Umschlag
- ⊞ = Randmasche

Blumenlochmuster

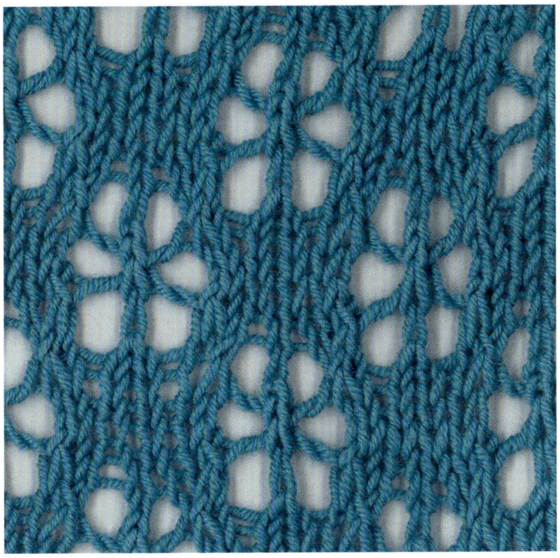

Schwierigkeitsgrad mittel
Kategorie glatt rechtes Ajourmuster

Maschenzahl teilbar durch 8 + 5 + 2 Randmaschen.

STRICKEN NACH MUSTERBESCHREIBUNG

1. Reihe (Hinreihe): RandM, 2 M rechts, * 2 M rechts, 1 einfacher Überzug, 1 Umschlag, 1 M rechts, 1 Umschlag, 2 M rechts zusammen, 1 M rechts; ab * stets wiederholen, 3 M rechts, RandM.
2. Reihe (Rückreihe) und alle folgenden Rückreihen: RandM, alle M und U links, RandM.
3. Reihe: RandM, 2 M rechts, * 3 M rechts, 1 Umschlag, 1 doppelter Überzug mit aufliegender MittelM, 1 Umschlag, 2 M rechts; ab * stets wiederholen, 3 M rechts, RandM.
5. Reihe: wie die 1. Reihe
7. Reihe: RandM, 1 einfacher Überzug, 1 Umschlag, * 1 M rechts, 1 Umschlag, 2 M rechts zusammen, 3 M rechts, 1 einfacher Überzug, 1 Umschlag; ab * stets wiederholen, 1 M rechts, 1 Umschlag, 2 M rechts zusammen, RandM.
9. Reihe: RandM, 1 M rechts, 1 Umschlag, * 1 doppelter Überzug mit aufliegender MittelM, 1 Umschlag, 5 M rechts, 1 Umschlag; ab * stets wiederholen, 1 doppelter Überzug mit aufliegender MittelM, 1 Umschlag, 1 M rechts, RandM.
11. Reihe: wie die 7. Reihe

Die 1. - 12. Reihe stets wiederholen.

STRICKEN NACH STRICKSCHRIFT

In der Strickschrift sind die Hinreihen notiert.

In den HinR mit der RandM und den 2 M vor dem rechten Pfeil beginnen, den Rapport von 8 M zwischen den Pfeilen stets wiederholen und mit den 3 M und der RandM nach dem linken Pfeil enden.
In den RückR alle M zwischen den RandM links stricken.

Die 1. - 12. Reihe stets wiederholen.

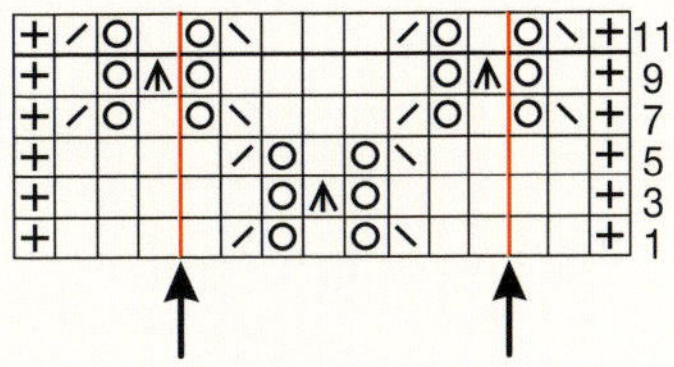

Zeichenerklärung:

- \ = 1 einfacher Überzug
- / = 2 Maschen rechts zusammen
- O = 1 Umschlag
- □ = 1 Masche rechts
- Λ = 1 doppelter Überzug mit aufliegender Mittelmasche
- + = Randmasche

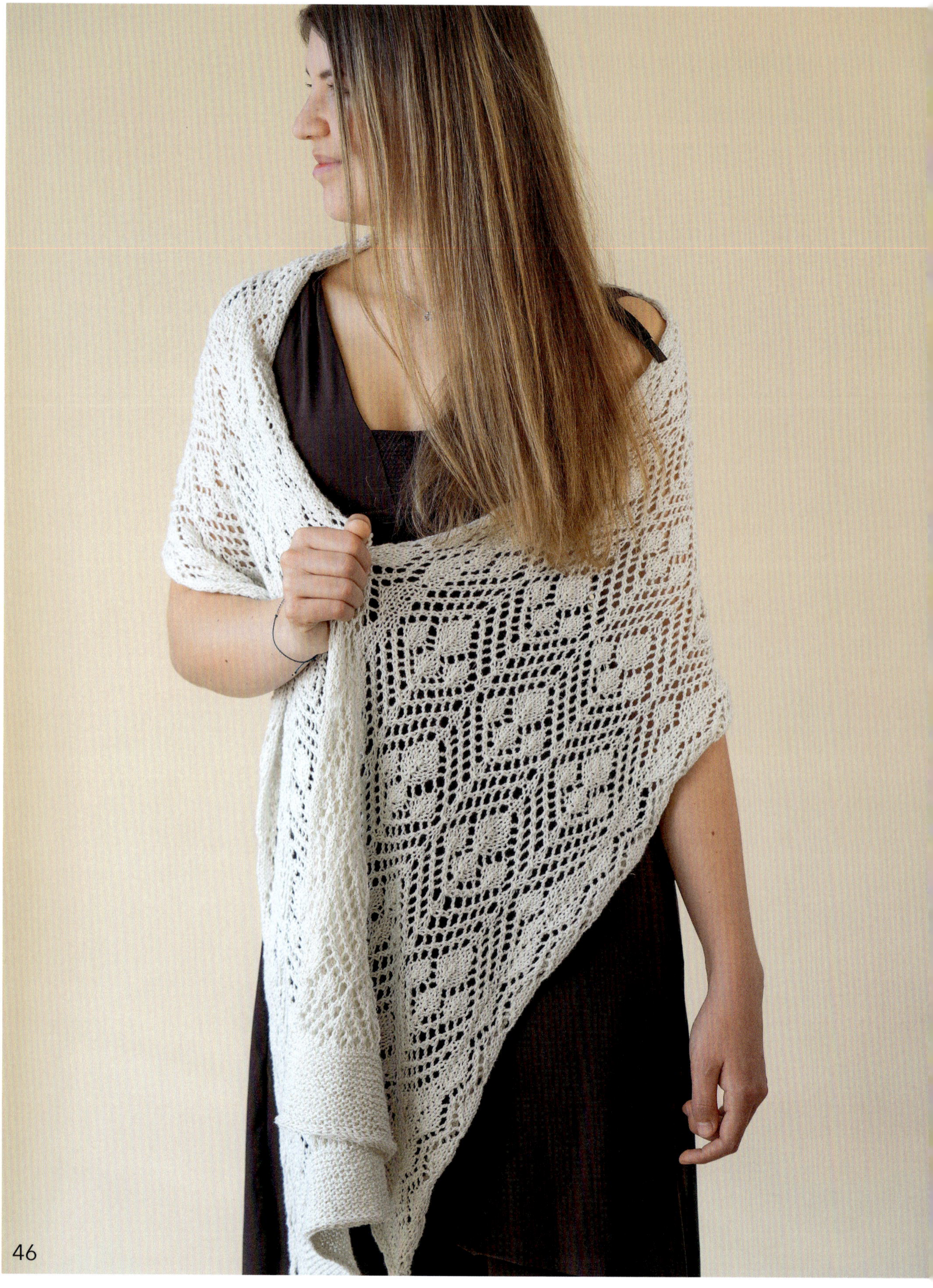

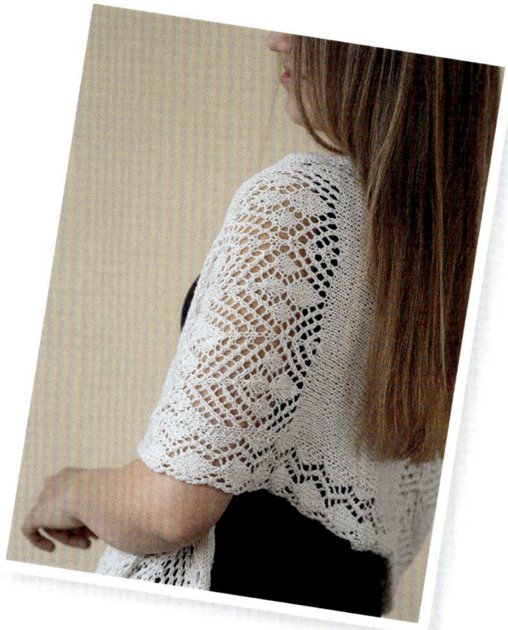

Stola

Schwierigkeitsgrad: anspruchsvoll

Bei dieser Stola umrahmen die beiden Rautenbordüren von S. 40 und S. 41 in einer zauberhaften Maschenkombination das Blattmuster von S. 36-39.

Größe:
185 cm x 45 cm

Material:
Schachenmayr „Catania Glamour" (98% Baumwolle, 2% Polyester, LL = 142 m/50 g): 300 g Creme (Fb 102); Rundstricknadel in 4 mm.

Muster:

Kraus rechts:
In Hin- und Rückreihen rechte M stricken.

Glatt rechts:
In Hinreihen rechte M, in Rückreihen linke M stricken.

Blattmuster:
Maschenzahl teilbar durch 16 + 17. Ränder oder Randmaschen werden in der Anleitung beschrieben. Das Muster in Hin- und Rückreihen nach Strickschrift arbeiten. Dort sind die Hinreihen notiert.

In den HinR mit der M vor dem rechten Pfeil beginnen, den Rapport von 16 M stets wiederholen und mit den 16 M nach dem linken Pfeil enden. In den RückR alle M und Umschläge links stricken.

Alle übrigen M der R stricken, wie in der Anleitung beschrieben.

Die 1. – 48. Reihe stets wiederholen.

Rautenbordürde rechts und Rautenbordüre links:
Das Muster beginnt jeweils mit 10 M, die MZahl variiert im weiteren Verlauf. Wie die Bordüre an die übrigen M der Stola gefügt wird, wird jeweils in der Anleitung beschrieben.

Das Muster in Hin- und Rückreihen nach Strickschrift arbeiten. Dort sind Hin- und Rückreihen notiert. Die Maschen sind so gezeichnet, wie sie gestrickt werden. In Hinreihen rechts und in Rückreihen links notierte Maschen ergeben also ein glatt rechtes Maschenbild, in Hin- und Rückreihen rechts notierte Maschen ergeben ein kraus rechtes Maschenbild.

In den HinR einmal alle M nach Strickschrift arbeiten. In den RückR die 1. M und die letzte M rechts, alle übrigen M links stricken.
Die restlichen M der Stola nach Anleitung stricken.

1x die 1.-14. Reihe stricken, dann die 3.-14. Reihe stets wiederholen.

Maschenprobe:
Glatt rechts: 18 Maschen und 28 Reihen = 10 cm x 10 cm; **Blattmuster:** 17 Maschen und 28 Reihen = 10 cm x 10 cm; **Borte:** insgesamt 7,5 cm breit.

So wird's gemacht:

Die Stola wird aus provisorisch angeschlagenen M in der hinteren Mitte zunächst in die eine Richtung gestrickt und anschließend in die andere Richtung fertiggestellt.

Dazu im provisorischen Maschenanschlag (s. a. Seite 10) 69 M anschlagen und wie folgt einteilen: 10 M Rautenbordüre rechts, 49 M glatt rechts, 10 M Rautenbordüre links. In dieser Einteilung 38 R (= 1x die 1.-14. R und noch 2x die 3.-14. R der Rautenbordüren) arbeiten.

Dann in folgender Einteilung weiterstricken: 11 M Rautenbordüre rechts, 49 M Blattmuster, dazu mit der M vor dem rechten Pfeil beginnen, 2x den Rapport von 16 M arbeiten und mit den 16 M nach dem linken Pfeil enden, 11 M Rautenbordüre links. In dieser Einteilung 192 R (= 16x die 3.-14. R der Rautenbordüren und 4x die 1.-48. R des Blattmusters) arbeiten.

Darauf in folgender Einteilung weiterstricken: 11 M Rautenbordüre rechts, 49 M kraus rechts, 11 M Rautenbordüre links. In dieser Einteilung 24 R (= 2x die 3.-14. Reihe der Rautenbordüren) arbeiten.

Anschließend über alle M noch 2 R kraus rechts stricken, dann alle M mit I-Cord-Rand abketten: am Ende der letzten R noch 3 M aufschlingen, wenden, * 2 M rechts, 2 M rechts verschränkt zusammen, diese 3 M zurück auf die linke Nadel heben; ab * bis zu den letzten 3 M stets wiederholen. Die letzten 3 M wie folgt stricken: 1 M rechts, 2 M rechts verschränkt zusammen, die vorletzte über die letzte M heben und den Faden durchziehen (s. a. Seite 11).

Den provisorischen Anschlag aufziehen und die 71 offenen M auf die Nadel nehmen.
Die 2. Hälfte der Stola wie die 1. Hälfte stricken, dabei in der 1. Mustereinteilung jedoch nur 36 R (= 3x die 3.-14. R der Rautenbordüren) arbeiten.

Fertigstellung:
Die Stola waschen und zum Trocknen auf eine Unterlage legen und spannen. Alle Fäden vernähen.

TIPP
4 Maschenmarkierer erleichtern das Stricken dieser Stola, um damit Rapport- und Bortenübergänge zu kennzeichnen.

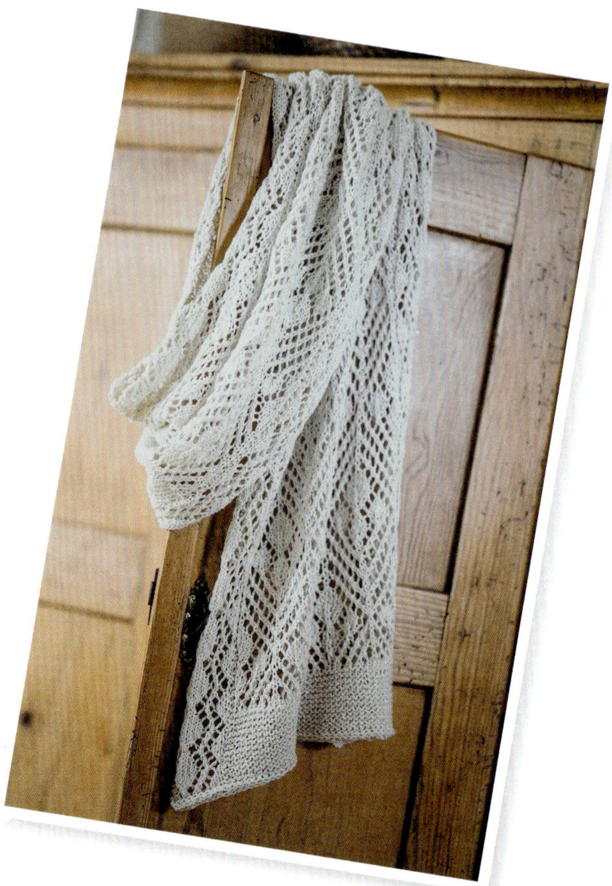

Blattmuster

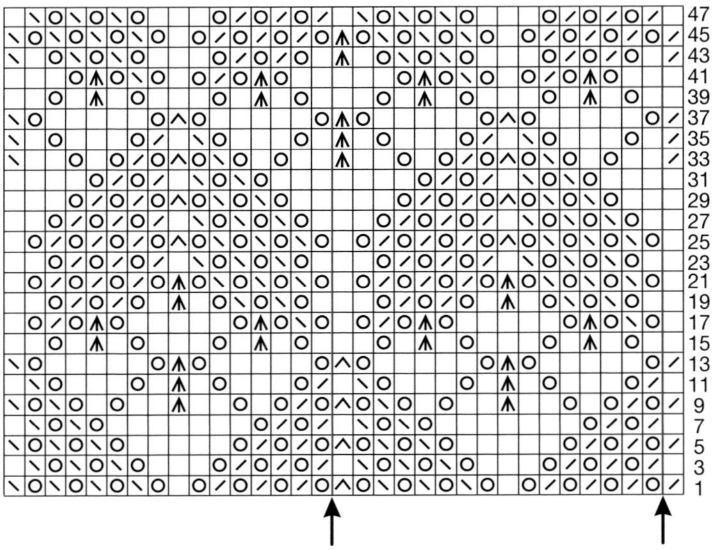

Bordüre links

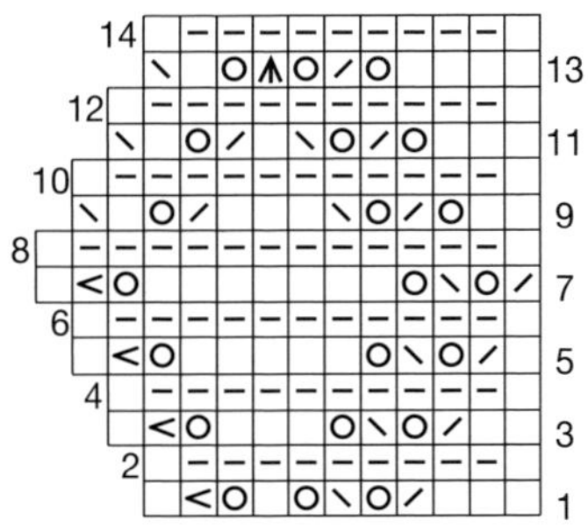

Bordüre rechts

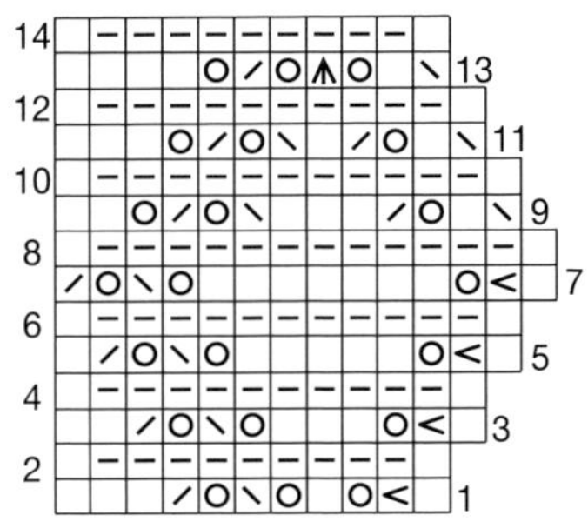

Zeichenerklärung:

- □ = 1 Masche rechts
- / = 2 Maschen rechts zusammen
- O = 1 Umschlag
- ⋀ = 1doppelter Überzug mit aufliegender Mittelmasche
- \ = 1 einfacher Überzug
- ∧ = 1 doppelter Überzug
- – = 1 Masche links
- < = 1 Masche rechts verschränkt

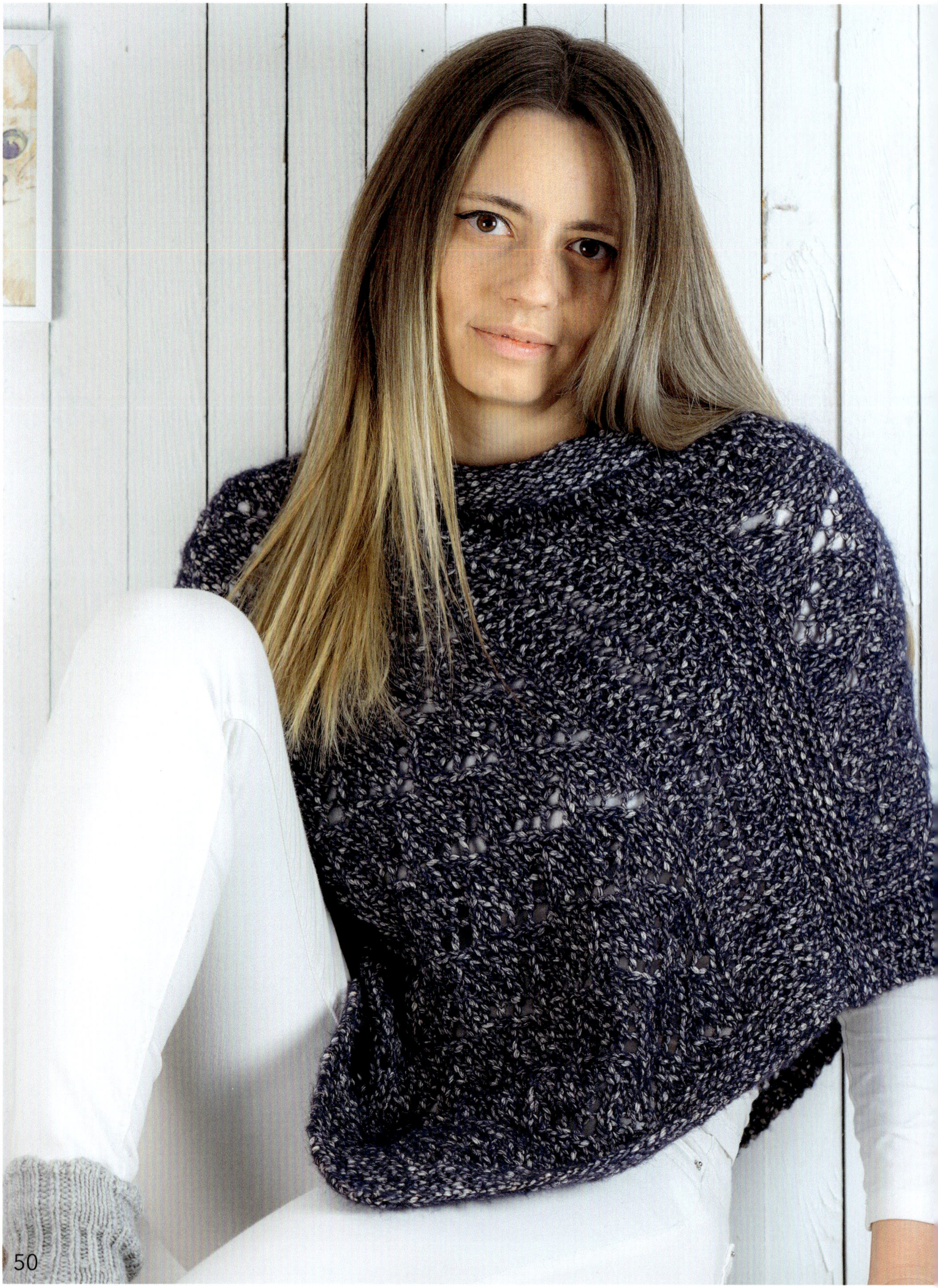

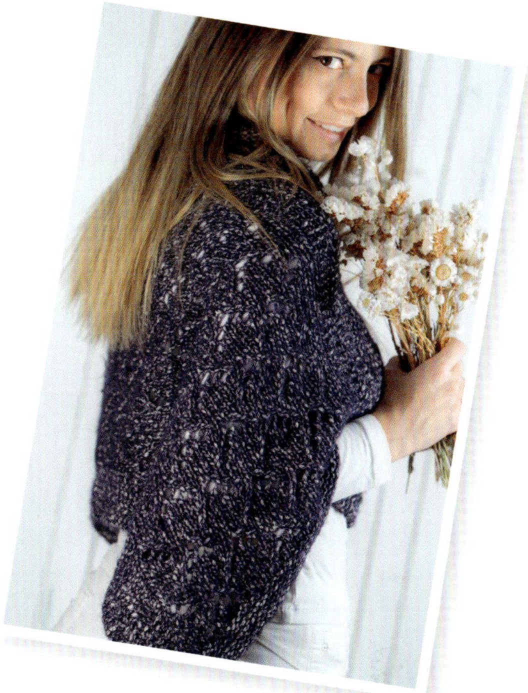

Poncho

Schwierigkeitsgrad: mittel

Das Pfeilmuster von S. 12 ist durch das lebhafte Garn dieses Ponchos erst auf den zweiten Blick zu erkennen. Da es viel weniger durchbrochen ist als viele andere Ajourmuster, bietet es dem flauschigen Mischgarn viel glatt rechte Maschenstruktur. Das macht den warmen Poncho so schön leicht.

Größe:

Einheitsgröße
Breite: 70 cm, Länge mit Rollkragen: 62 cm; jedes Rechteck: 40 cm x 70 cm

Material:

Austermann Flake Dance (66% Baumwolle, 21% Polyacryl, 5% Wolle, 5% Polyamid, 3% Alpaka, LL = 100 m/50 g): 250 g Tinte (Fb 11); Rundstricknadel in 7 mm.

Muster:

Kraus rechts in Reihen:
In Hin- und Rückreihen rechte M stricken.

Glatt rechts in Runden: Alle M rechts stricken.

Pfeilmuster:
Maschenzahl teilbar durch 10 + 3. Ränder oder Randmaschen werden in der Anleitung beschrieben. Das Muster in Hin- und Rückreihen nach Strickschrift arbeiten. Dort sind die Hinreihen notiert.

In den HinR mit der M vor dem rechten Pfeil beginnen, den Rapport von 10 M stets wiederholen und mit den 2 M nach dem linken Pfeil enden.
In den RückR alle M und Umschläge links stricken. Alle übrigen M stricken, wie in der Anleitung beschrieben.

Die 1. - 12. Reihe stets wiederholen.

Randmuster:
Der Musterstreifen wird über 8 M gearbeitet.
1. Reihe (Hinreihe): 3 M rechts, 2 M rechts zusammen, 1 Umschlag, 3 M rechts.
2. Reihe (Rückreihe): 3 M rechts 2 M rechts zusammen, 1 Umschlag, 3 M rechts.

Die 1. - 2. Reihe stets wiederholen.

Maschenprobe:

Glatt rechts: 14 Maschen und 21 Reihen = 10 cm x 10 cm; **Pfeilmuster:** 12 Maschen und 19 Reihen = 10 cm x 10 cm; **Randmuster:** insgesamt 6 cm breit.

So wird's gemacht:

49 M anschlagen und 10 R kraus rechts stricken. In der folgenden HinR die M wie folgt einteilen: 8 M im Randmuster, 33 M im Pfeilmuster, dazu mit der M vor dem rechten Pfeil beginnen, 3x den Rapport arbeiten und mit den 2 M nach dem linken Pfeil enden, 8 M im Randmuster. In dieser Einteilung 120 R (= 10x die 1. - 12. Reihe des Pfeilmusters und 60x die 1.-2. Reihe des Randmusters) stricken. Dann noch einmal 10 R kraus rechts stricken. Anschließend alle Maschen locker abketten. Insgesamt 2 Rechtecke wie beschrieben stricken.

Fertigstellung: Wie in der Schnittskizze gezeigt die Anschlagkante von Rechteck A an die rechte untere Seitenkante von Rechteck B nähen. Dann die Abkettkante von Rechteck B an die linke obere Seitenkante von Rechteck A nähen, sodass die beiden im Schnitt eingezeichneten Symbole jeweils aneinanderstoßen.

Für den Kragen rund um den Halsausschnitt von rechts 62 M aufnehmen und den Rundenanfang markieren. 25 Runden glatt rechts stricken, anschließend alle M abketten.
Alle Fäden vernähen. Den Poncho waschen, zum Trocknen auf eine Unterlage legen und leicht spannen.

TIPP
2 Maschenmarkierer erleichtern das Stricken dieses Pochos, um damit Rapport- und Musterübergänge zu kennzeichnen.

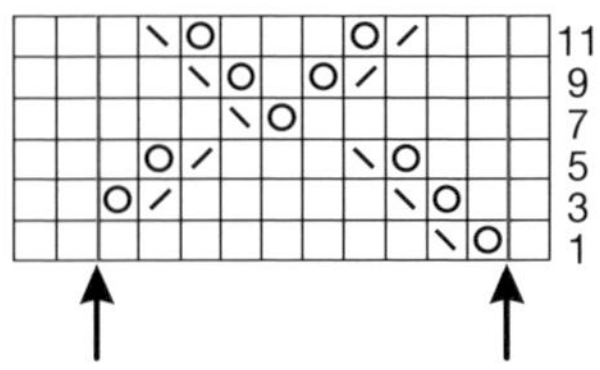

Zeichenerklärung:

- ⧅ = 1 einfacher Überzug
- ⧄ = 2 Maschen rechts zusammen
- ◯ = 1 Umschlag
- ☐ 1 Masche rechts

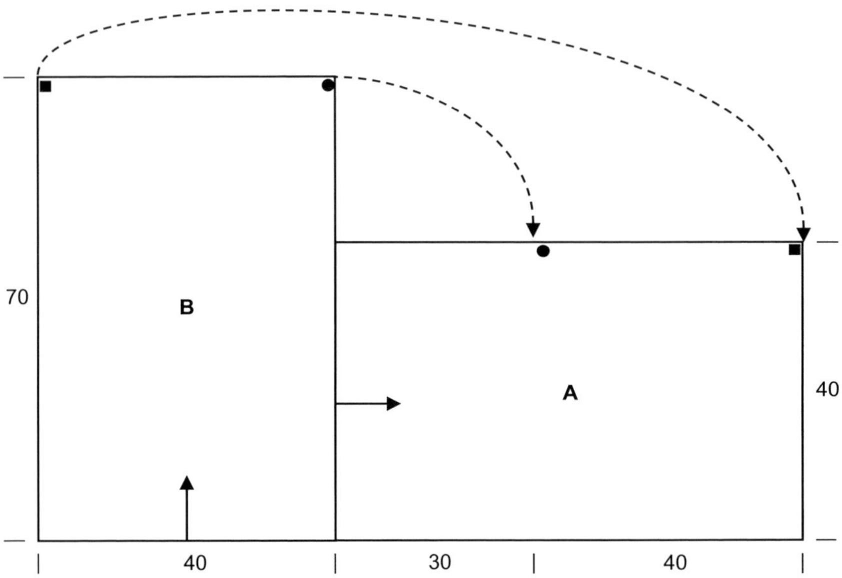

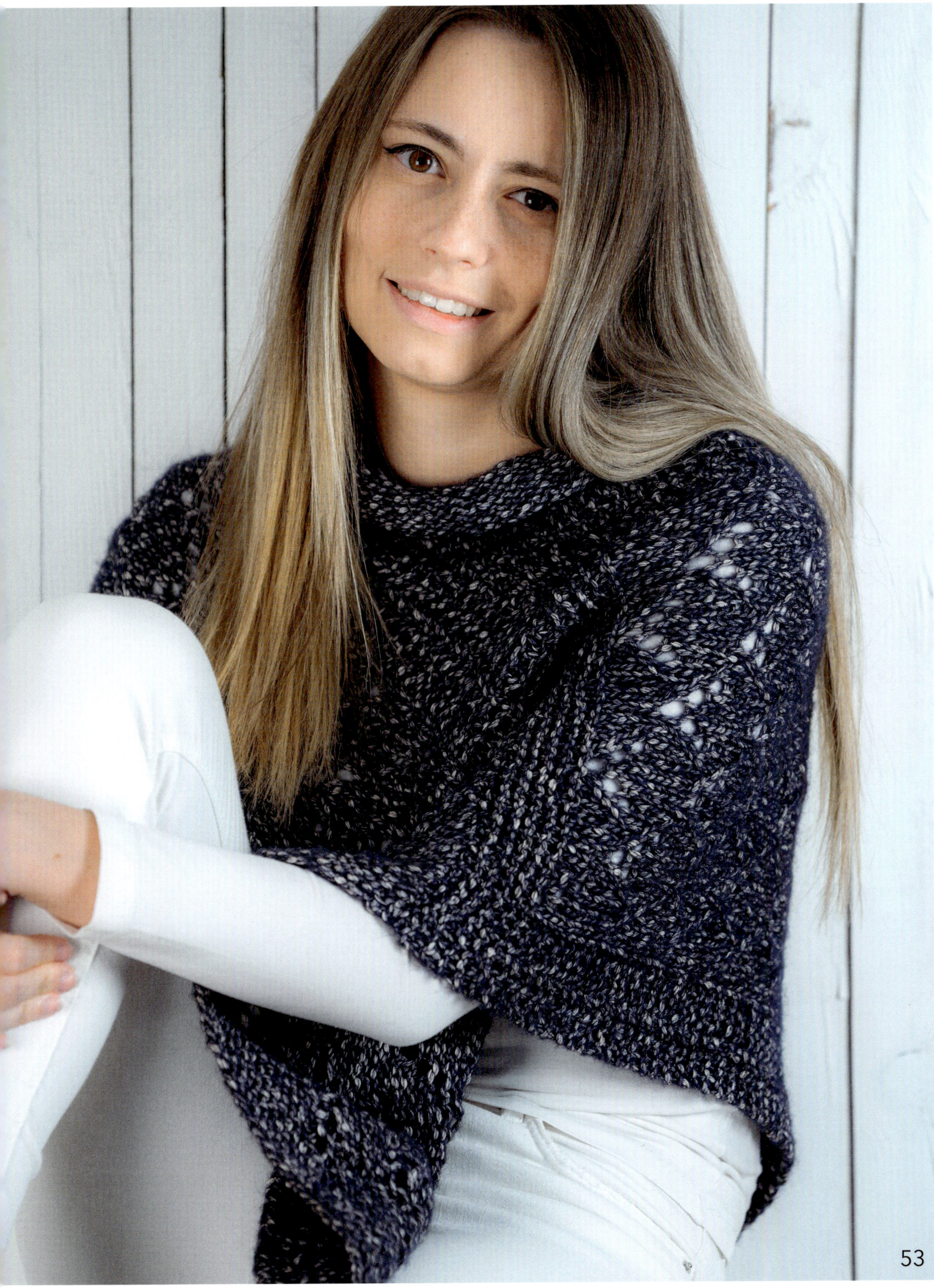

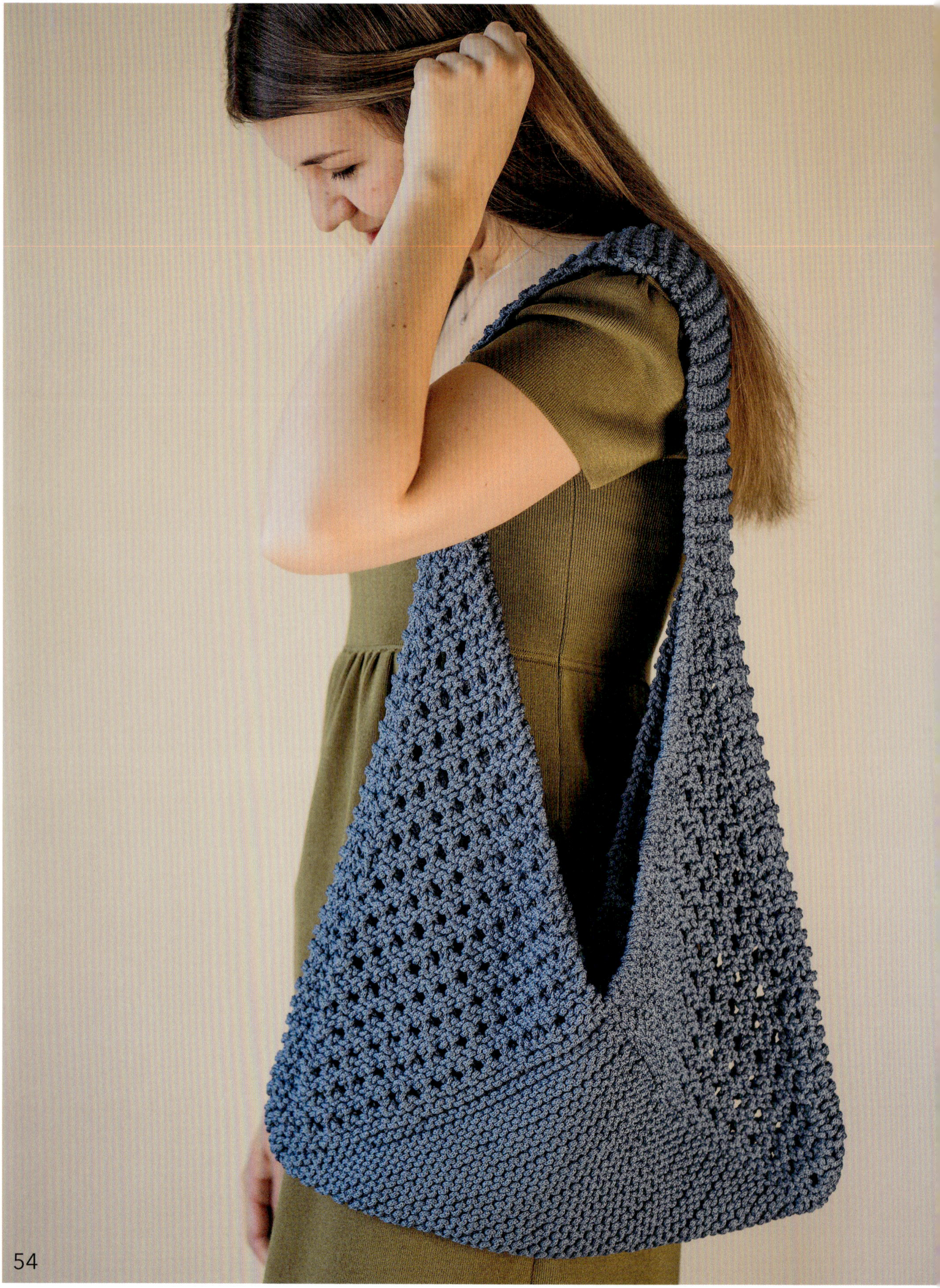

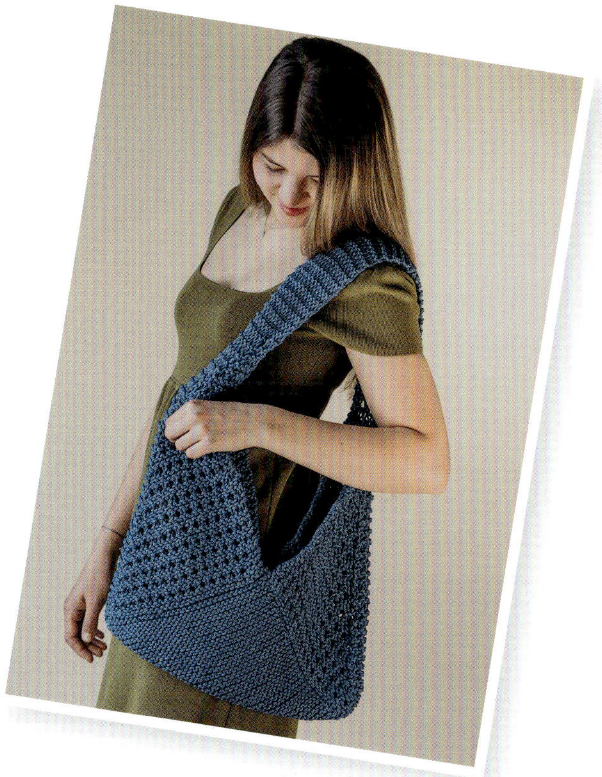

Tasche

Schwierigkeitsgrad: leicht

Diese Tasche wird aus besonders robustem Garn gestrickt. So bleibt sie immer gut in Form, und doch wirkt sie durch die Seitenteile im Netzmuster von S. 18 schön luftig und leicht.

Größe:

Länge: 42 cm; Höhe (Mitte): 25 cm; Höhe (Seiten): 42 cm

Material:

Woolly Hugs Rope (100% Polyester, LL = 140 m/200 g): 400 g Jeans (Fb 55); Rundstricknadel in 6 mm und 8 mm.

Muster:

Kraus rechts:
In Hin- und Rückreihen rechte M stricken.

Netzmuster:
Maschenzahl teilbar durch 2. Ränder oder Randmaschen werden in der Anleitung beschrieben. Das Muster in Hin- und Rückreihen nach Strickschrift arbeiten. Dort sind die Hinreihen notiert.

In den HinR den Rapport von 2 M stets wiederholen.
In den RückR alle M und Umschläge rechts stricken. Alle übrigen M stricken, wie in der Anleitung beschrieben.

Die 1. - 8. Reihe stets wiederholen.

Maschenprobe:

Kraus rechts (Nadel 6 mm): 12 Maschen und 24 Reihen = 10 cm x 10 cm; **Netzmuster (Nadel 8 mm):** 10 Maschen und 18 Reihen = 10 cm x 10 cm.

So wird's gemacht:

Für den Taschenboden 35 M mit der dünneren Rundstricknadel anschlagen und 66 R kraus rechts stricken. Dann alle M locker abketten.

Mit der dickeren Rundstricknadel aus der Abkettkante 35 M und aus dem linken Strickrand des Quadrats noch weitere 34 M auffassen = 69 Maschen. Das Abketten und Neuauffassen der M dient der Stabilität des Bodens.

In der folgenden Rückreihe alle M rechts stricken. Dann die M wie folgt einteilen: 2 M kraus rechts, 30 M Netzmuster, 5 M kraus rechts, 30 M Netzmuster, 2 M kraus rechts. In dieser Einteilung 8 R (= 1x die 1.-8. Reihe des Netzmusters) stricken.

Dann die folgende Abnahmereihe arbeiten: 2 M kraus rechts, bis 3 M vor dem kraus rechten Streifen im Netzmuster, 3 M rechts verschränkt zusammen, 5 M kraus rechts, 3 M rechts verschränkt zusammen, bis zu den letzten 2 M im Netzmuster, 2 M kraus rechts.

In folgender Mustereinteilung weiterarbeiten: 2 M kraus rechts, bis zu den nächsten kraus rechten M im Netzmuster, 5 M kraus rechts, bis zu den nächsten kraus rechten M im Netzmuster, 2 M kraus rechts. Dabei jeweils in der 1. und der 5. R des Netzmusters die Abnahmereihe wiederholen. Auf diese Weise insgesamt 56 R (= 7x die 1.-8. Reihe des Netzmusters) arbeiten = 13 Maschen.

Über diese 13 M für den Henkel noch insgesamt 30 R kraus rechts stricken. Anschließend alle M abketten.

Die andere Taschenhälfte ebenso stricken, jedoch beim Abketten die 13 M mit den M der Abkettkante des ersten Henkels jeweils M für M auf der Innenseite zusammenstricken und dabei abketten und beide Henkel auf diese Weise verbinden.

Fertigstellung: Alle Fäden vernähen. Die Tasche waschen und auf einer Unterlage das Netzmuster leicht spannen.

TIPP
4 Maschenmarkierer erleichtern das Stricken dieser Tasche, um damit die Musterübergänge zu kennzeichnen.

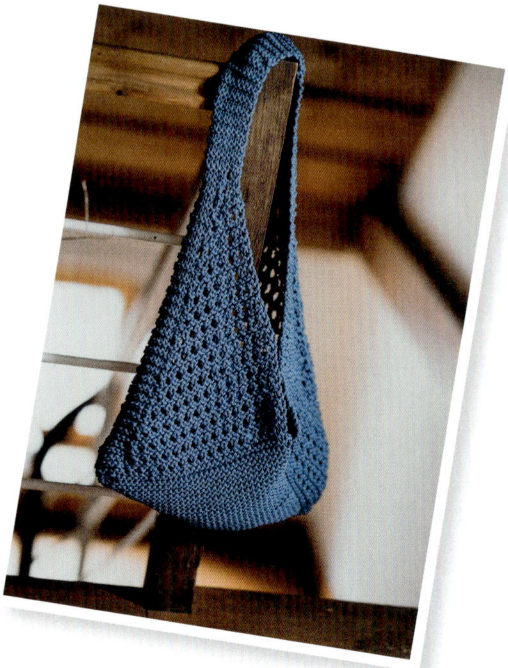

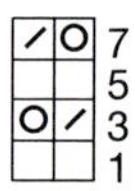

Zeichenerklärung:

□ = 1 Masche rechts
⧄ = 2 Maschen zusammen
◯ = 1 Umschlag

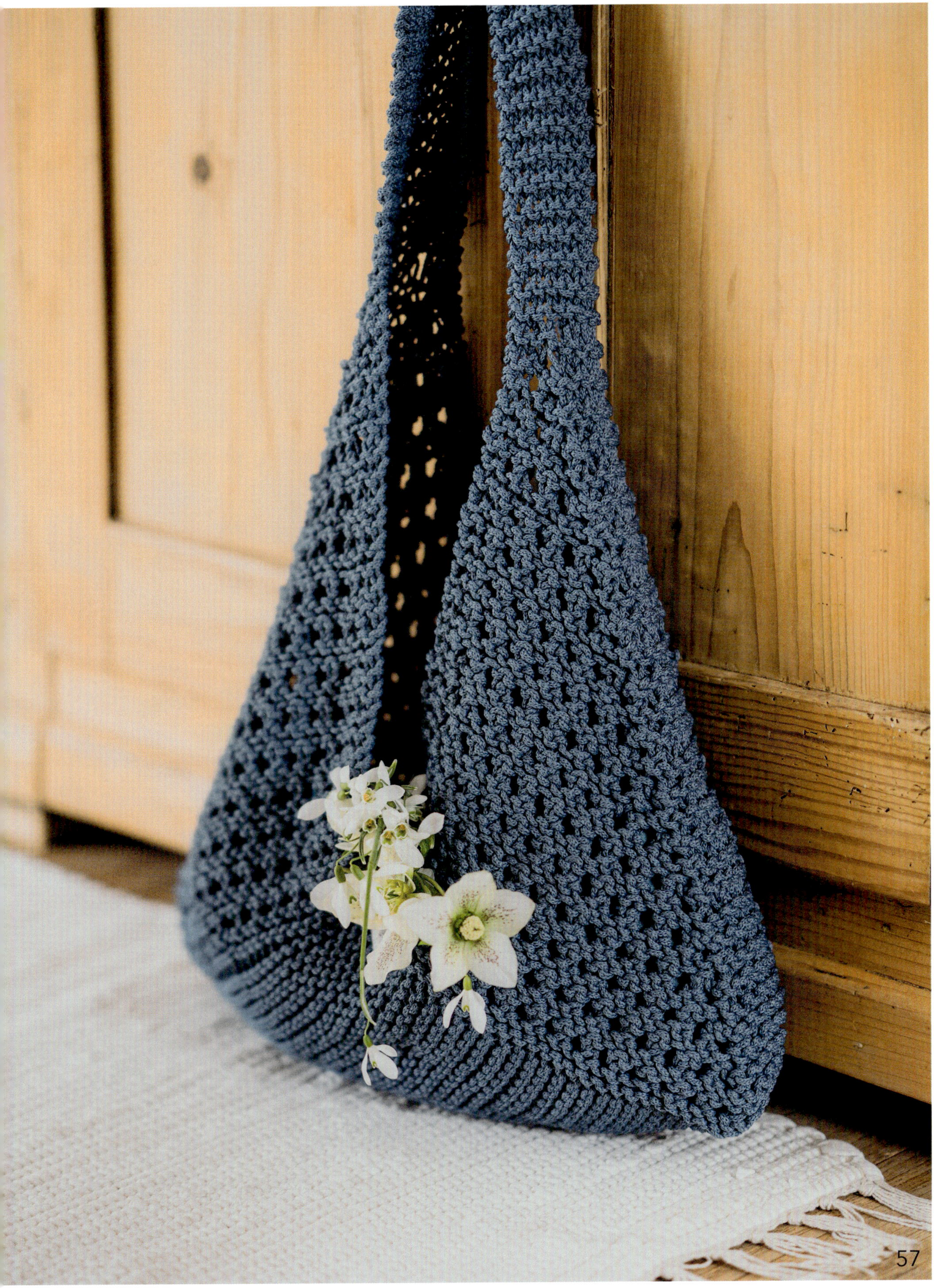

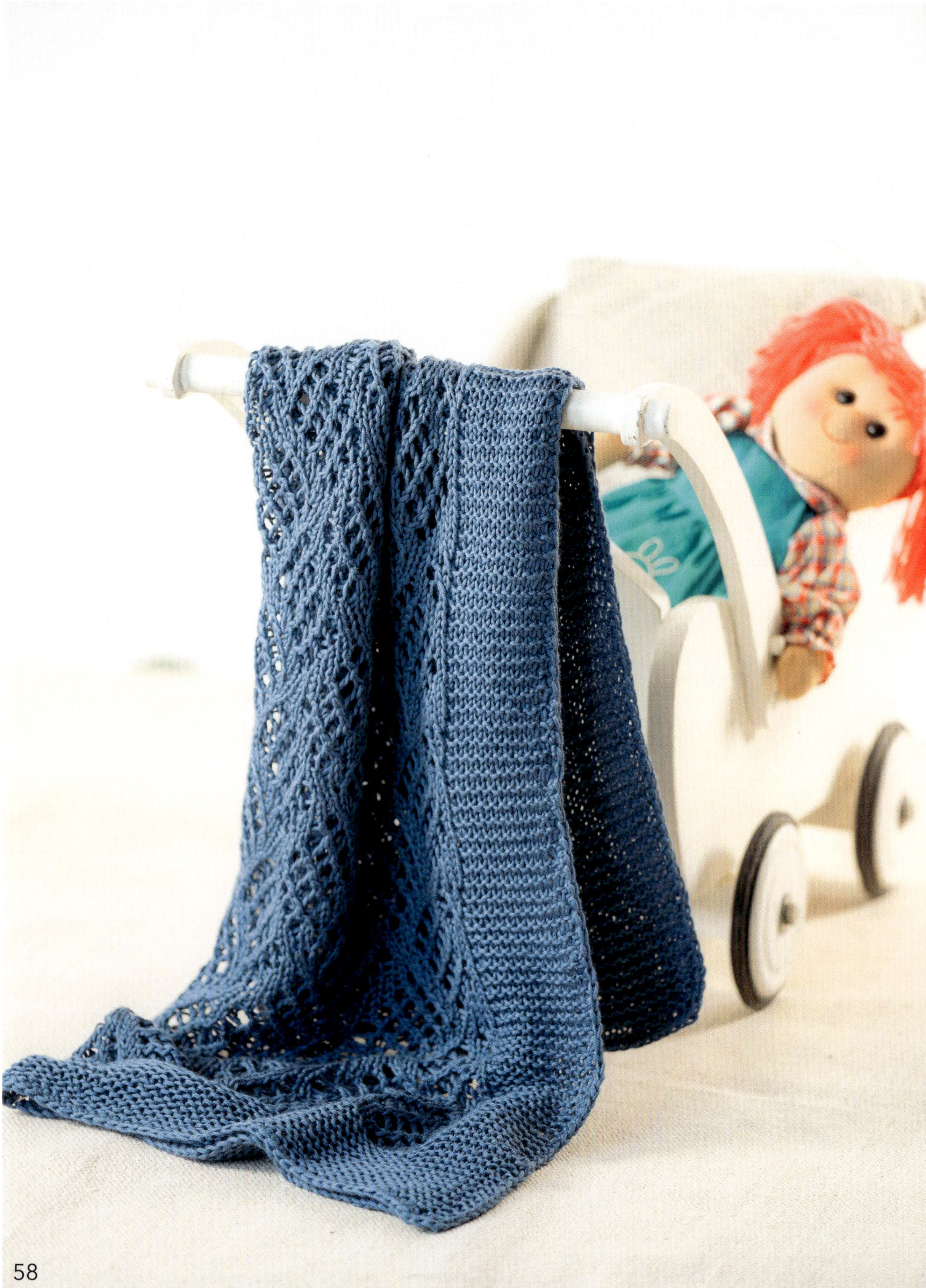

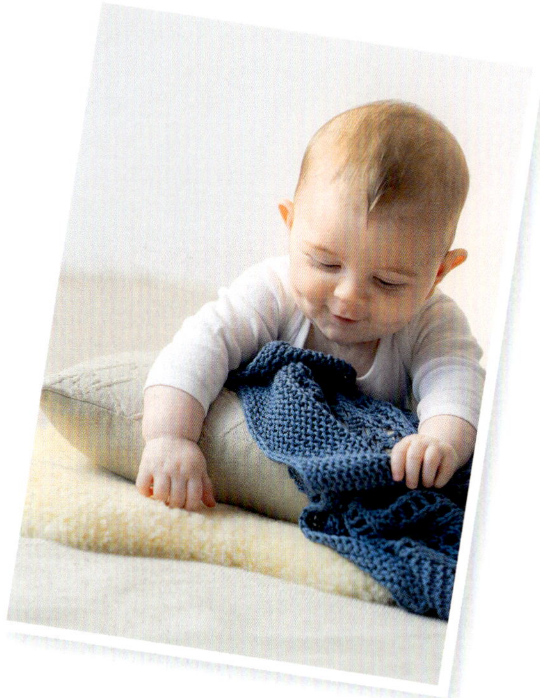

Babydecke

Schwierigkeitsgrad: leicht

Schnell gestrickt ist diese Babydecke im Karomuster von S. 16 und aus pflegeleichtem Baumwollmischgarn ein wunderbares Geschenk, mit dem man viel Freude bereiten kann.

Größe:
72 cm x 100 cm

Material:
ggh Tivoli (60% Modal (Viskose), 40% Baumwolle, LL = 130 m/50 g): 200 g Marine (Fb 8); Rundstricknadel in 6 mm; Häkelnadel in 5 mm.

Muster:
Kraus rechts:
In Hin- und Rückreihen stets rechte M stricken.

Karomuster:
Maschenzahl teilbar durch 10 + 4. Ränder und Randmaschen werden in der Anleitung beschrieben. Das Muster in Hin- und Rückreihen nach Strickschrift arbeiten. Dort sind nur die Hinreihen notiert.

In den HinR mit der M vor dem rechten Pfeil beginnen, den Rapport von 10 M stets wiederholen und mit den 3 M nach dem linken Pfeil enden.
In den RückR alle M und Umschläge links stricken. Alle übrigen M stricken, wie in der Anleitung beschrieben.

Die 1. - 20. Reihe stets wiederholen.

Maschenprobe:
Glatt rechts und Karomuster: 15 Maschen und 22 Reihen = 10 cm x 10 cm.

So wird's gemacht

Für eine lockere Anschlagkante 86 M mit doppelt gelegter Nadel anschlagen und 23 R kraus rechts stricken. In der folgenden RückR 11 M rechts, 64 M links, 11 M rechts stricken.

Dann die M wie folgt einteilen: 11 M kraus rechts, 64 M im Karomuster, dazu mit der M vor dem rechten Pfeil beginnen, 6x den Rapport arbeiten und mit den 3 M nach dem linken Pfeil enden, 11 M kraus rechts. In dieser Einteilung 184 R (= 9x die 1. - 20. R und noch einmal die 1.-4. R des Karomusters) stricken.

Anschließend noch einmal 23 R kraus rechts stricken. Dann alle Maschen elastisch abketten (s. a. Seite 11).

Fertigstellung: Um die gesamte Decke eine Runde feste M häkeln. Die Decke waschen, zum Trocknen auf eine Unterlage legen und spannen. Alle Fäden vernähen.

TIPP
7 Maschenmarkierer erleichtern das Stricken dieser Decke, um damit Rapport- und Musterübergänge zu kennzeichnen.

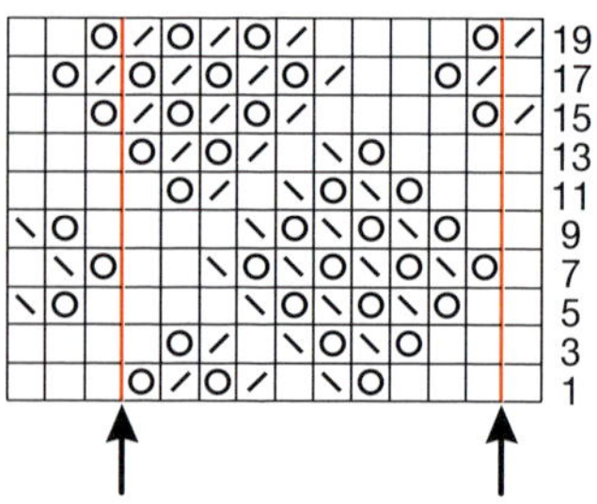

Zeichenerklärung:

- ☐ = 1 Masche rechts
- ⁄ = 2 Maschen rechts zusammen
- O = 1 Umschlag
- \ = 1 einfacher Überzug

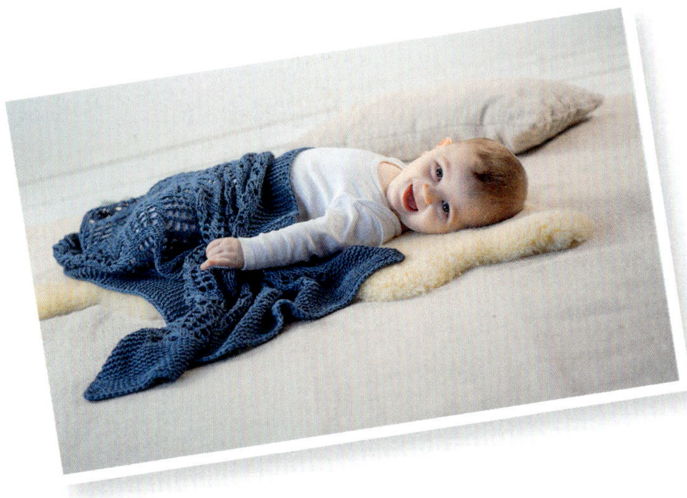

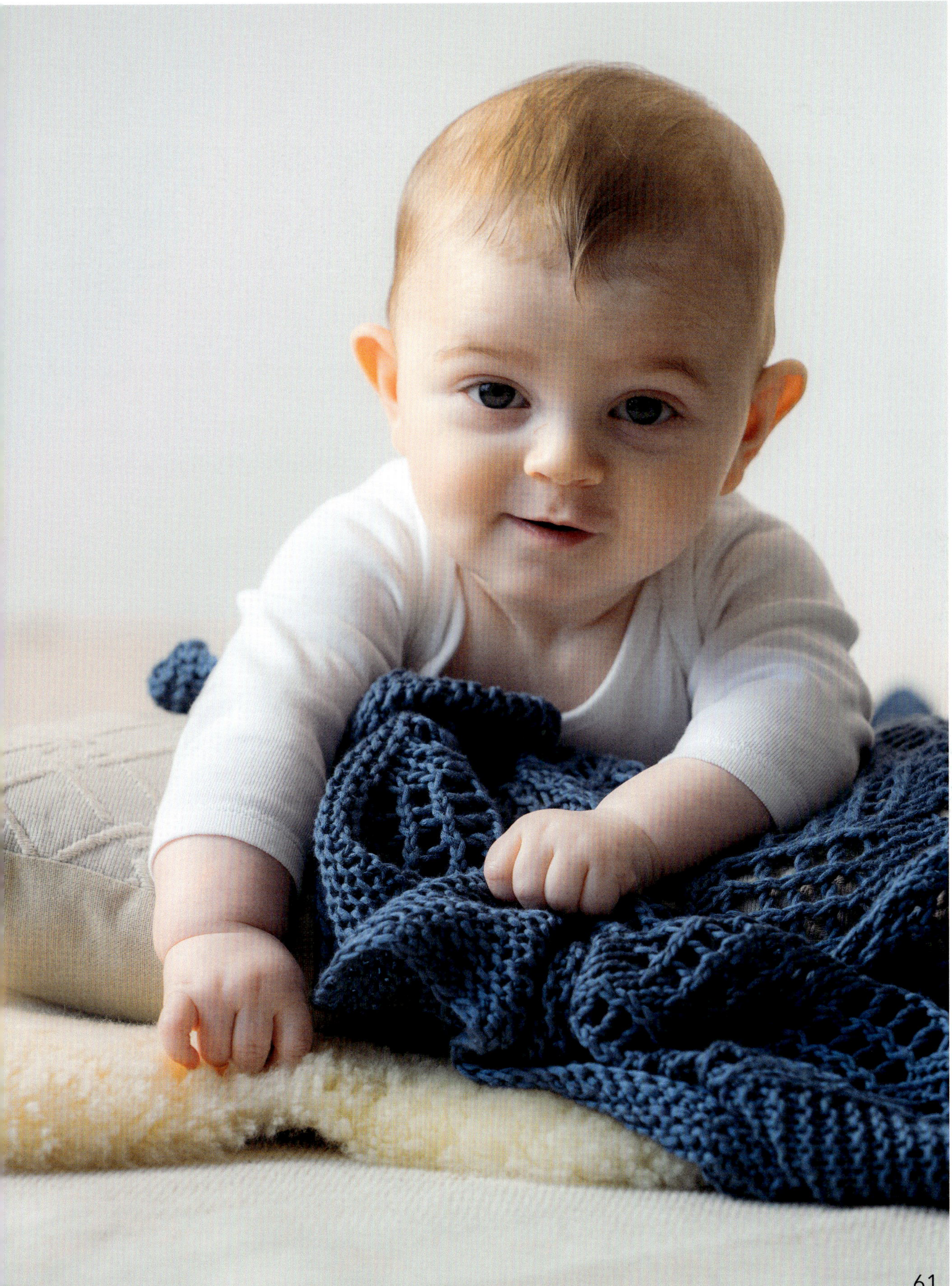

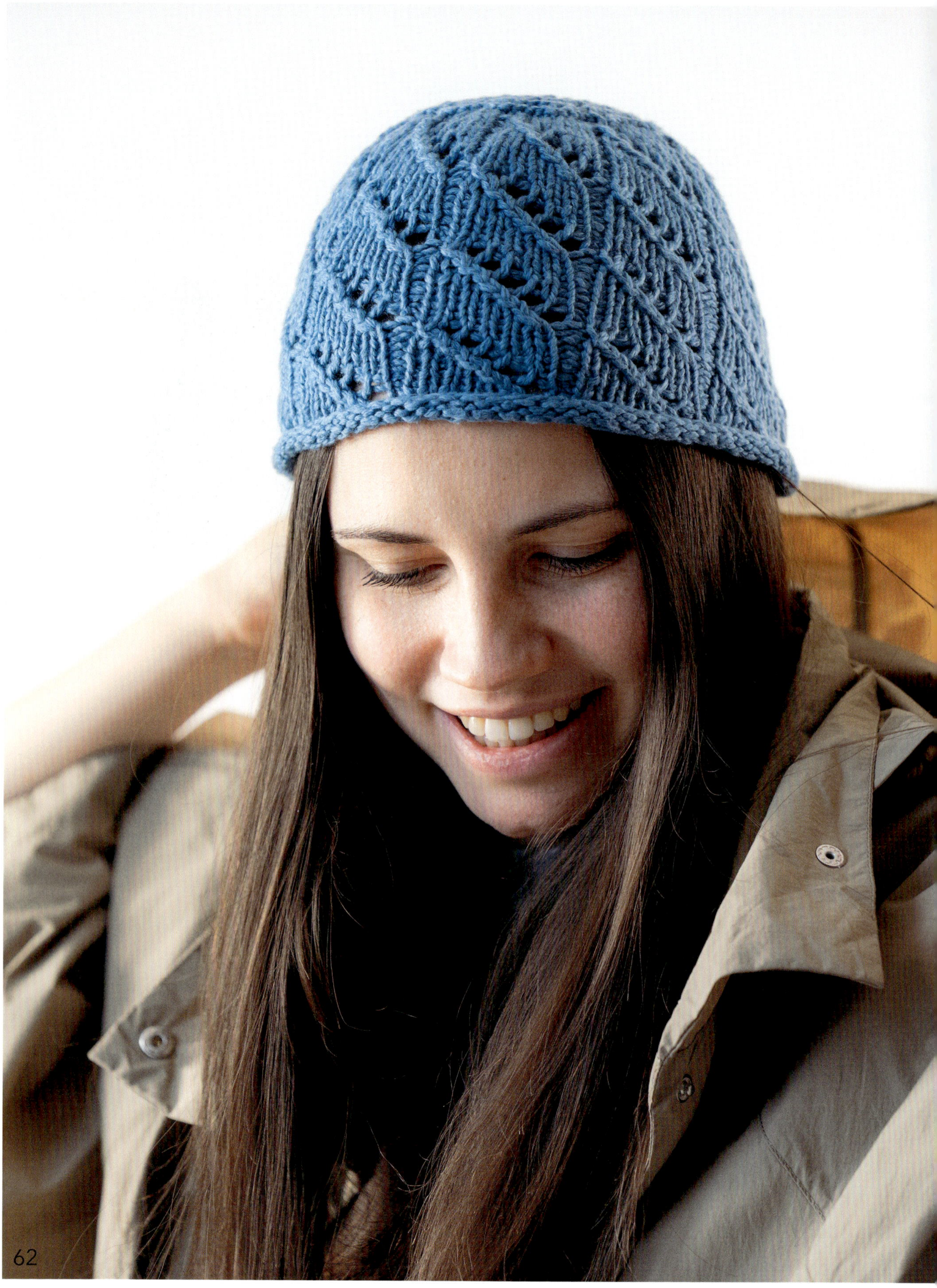

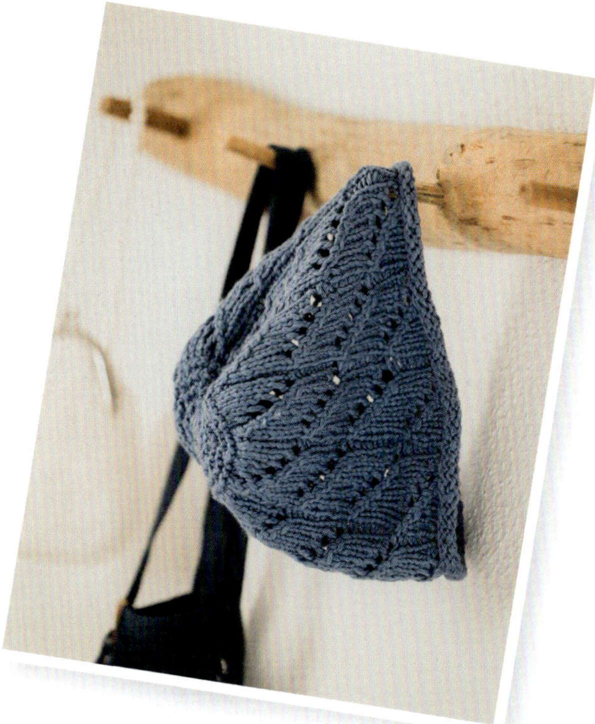

Mütze

Schwierigkeitsgrad: leicht

Die sommerlich leichte Baumwollmütze ziert ringsum allein das Schräge Lochmuster von S. 24. Ganz schnörkellos ist sie ein unkomplizierter Begleiter und durch den wärmenden Kaschmiranteil des Garns wunderbar weich.

Größe:
Kopfumfang: 54-56 cm, Höhe: 20 cm

Material:
Woolly Hugs Cashmere (78% Baumwolle, 14% Polyamid, 8% Cashmere, LL = 190 m/50 g): 50 g Petrol (Fb 67); Rundstricknadel in 5 mm mit 40 cm langem Seil, Nadelspiel in 5 mm; 1 Maschenmarkierer; 1 Wollnadel.

Muster:

Glatt rechts in Runden:
In allen Runden stets rechte Maschen stricken.

Schräges Lochmuster:
Maschenzahl teilbar durch 7. Das Muster in Runden nach Strickschrift arbeiten. Dort sind alle Runden notiert.

Den Rapport von 7 M zwischen den beiden Pfeilen und die 1. – 10. Rd stets wiederholen.

Maschenprobe:

Glatt rechts: 16 Maschen und 22 Runden = 10 cm x 10 cm; **Schräges Lochmuster:** 15 Maschen und 22 Runden = 10 cm x 10 cm.

So wird's gemacht:

Für eine lockere Anschlagkante 70 M mit doppelt gelegter Nadel anschlagen. Die M zur Rd schließen, ohne die Anschlagkante dabei zu verdrehen, den Rundenanfang markieren und für den Rollrand 6 Rd glatt rechts stricken.

Dann 40 Rd (= 4x die 1.-10. Rd) im schrägen Lochmuster stricken, dabei in jeder Rd 10x den Rapport von 7 M zwischen den beiden Pfeilen arbeiten.

Die Abnahmen für die Mützenrundung wie folgt arbeiten, dabei je nach Bedarf zwischendurch auf das Nadelspiel wechseln:
47. Runde: Alle M rechts stricken.
48. Runde: Alle M links stricken.
49. Runde: * 3 M rechts, 2 M rechts zusammen; ab * noch 13x wiederholen = 56 Maschen.
50. Runde: Alle M links stricken.
51. Runde: * 2 M rechts, 2 M rechts zusammen; ab * noch 13x wiederholen = 42 Maschen.
52. Runde: Alle M links stricken.
53. Runde: * 1 M rechts, 2 M rechts zusammen; ab * noch 13x wiederholen = 28 Maschen.
54. Runde: Alle M links stricken.
55. Runde: Stets 2 M rechts zusammenstricken = 14 Maschen.
56. Runde: Alle M links stricken.
57. Runde: Stets 2 M rechts zusammenstricken = 7 Maschen.

Den Faden abschneiden und mit Hilfe einer Wollnadel durch die restlichen 7 M ziehen, die Maschen zusammenziehen und den Faden innen vernähen.

Fertigstellung: Die Mütze waschen, zum Trocknen auf eine Unterlage legen und leicht spannen. Alle Fäden vernähen.

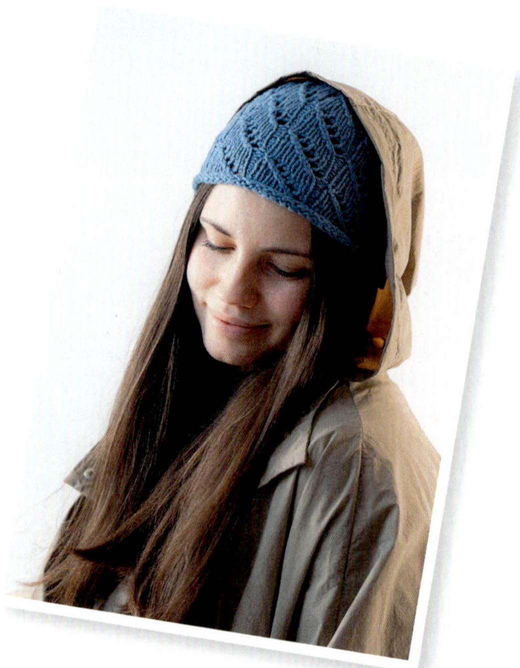

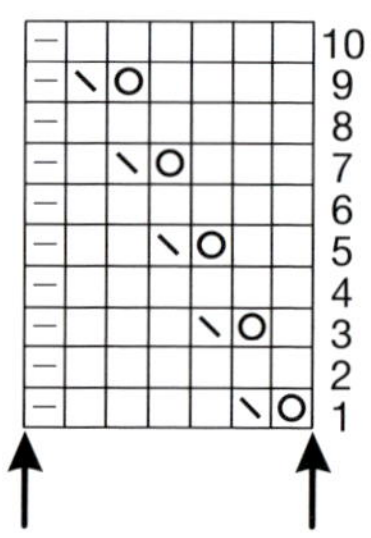

Zeichenerklärung:

□ = 1 Masche rechts
⊟ = 1 Mache links
◯ = 1 Umschlag
⧅ = 1 einfacher Überzug

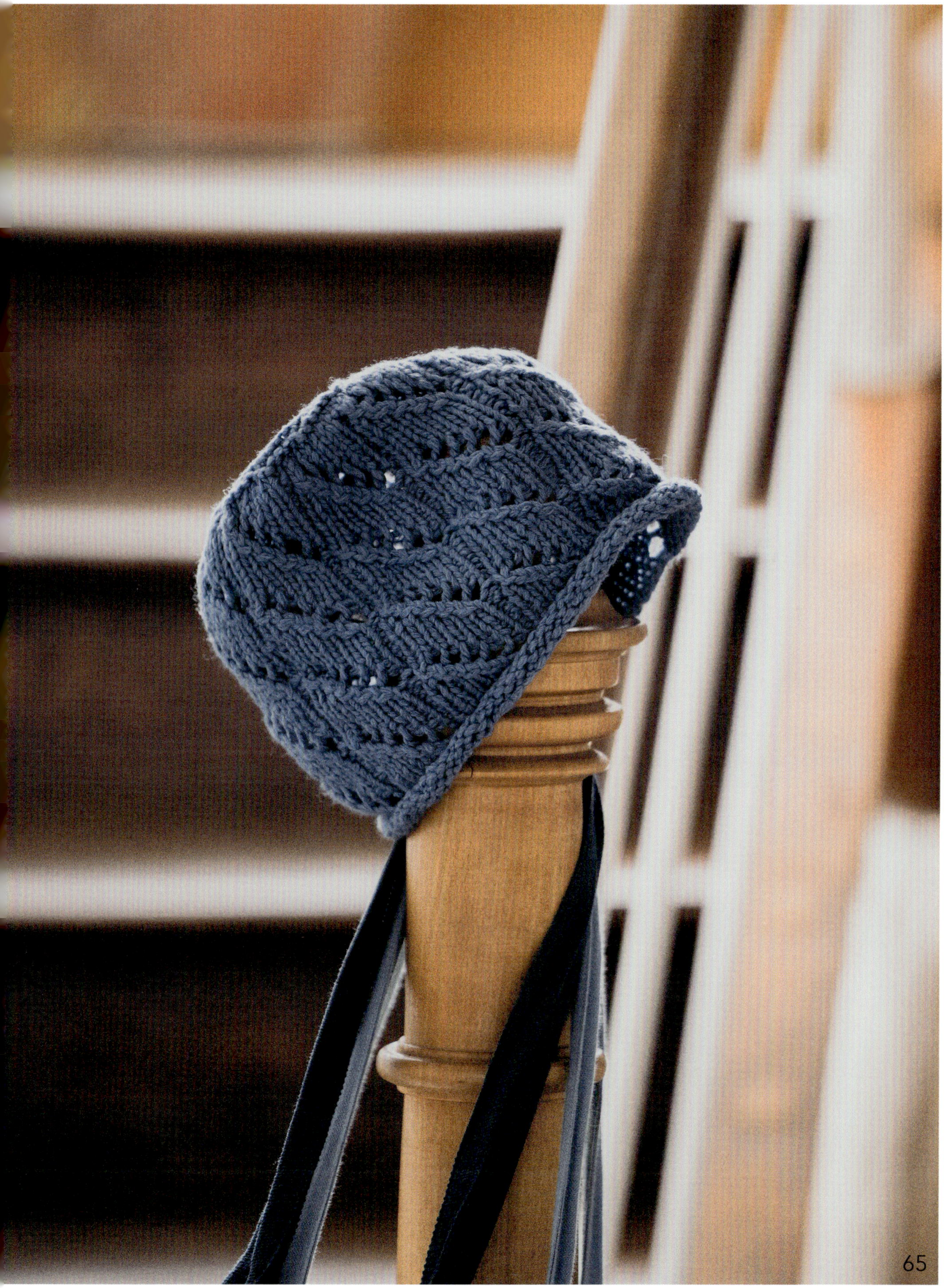

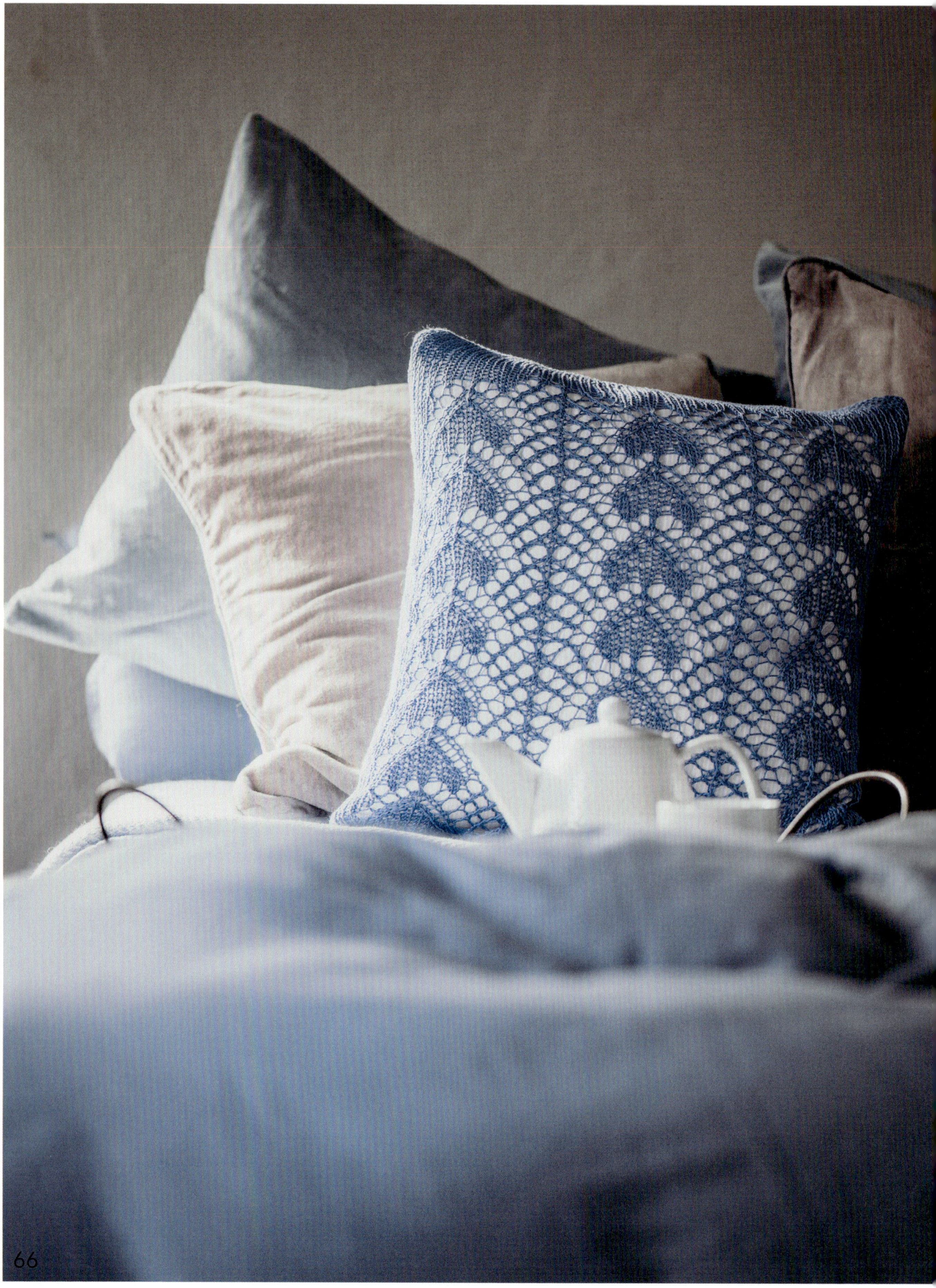

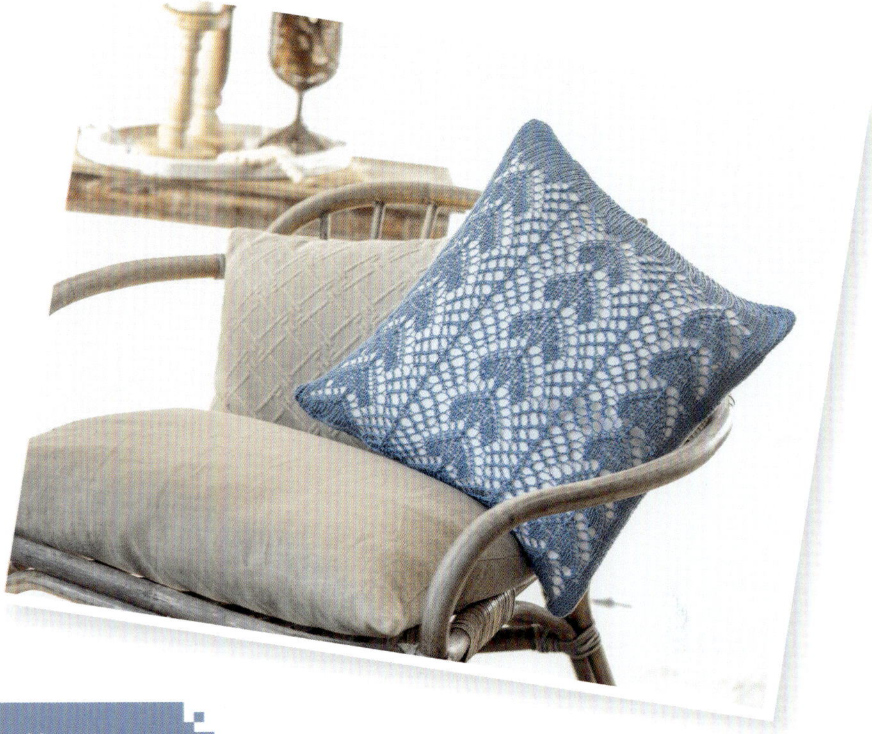

Kissenhülle

Schwierigkeitsgrad: anspruchsvoll

Ein ungewöhnlicher Einsatz für das Bogenmuster von S. 20: Als Überzug über ein durchscheinendes einfarbiges Kissen kommt das locker gestrickte Muster besonders gut zur Geltung.

Größe:
40 cm x 40 cm

Material:
Woll Butt Sonja (100% Baumwolle, LL = 170 m/50 g): 100 g Jeans (Fb 24884); Rundstricknadel in 4 mm; teilbarer Reißverschluss in Weiß, 35 cm lang; Füllkissen, 40 cm x 40 cm.

Muster:
Glatt rechts in Runden:
In allen Runden stets rechte M stricken.

Bogenmuster:
Maschenzahl teilbar durch 18 + 11. Das Muster in Runden nach Strickschrift arbeiten. Dort sind alle Runden notiert.

Den Rapport von 18 M zwischen den beiden Pfeilen und die 1. - 12. Rd stets wiederholen.

Maschenprobe:
Glatt rechts: 19 Maschen und 25 Runden = 10 cm x 10 cm; Bogenmuster: 13,5 M und 24 Runden = 10 cm x 10 cm.

So wird's gemacht:

114 M anschlagen. Die M zur Rd schließen, ohne die Anschlagkante dabei zu verdrehen, den Rundenübergang markieren und 6 Rd glatt rechts stricken.

Dann die M wie folgt einteilen: 5 M glatt rechts, 47 M Bogenmuster, dazu mit den 5 M vor dem rechten Pfeil beginne, den Rapport von 18 M zwischen den Pfeilen 2x arbeiten und mit den 6 M nach dem linken Pfeil enden, 10 M glatt rechts, 47 M Bogenmuster, 5 M glatt rechts.
In dieser Einteilung 84 Rd arbeiten (= 7x die 1.-12. Runde des Bogenmusters).

Zum Abschluss noch einmal 12 Rd glatt rechts stricken. Dann alle Maschen locker abketten, den Faden lang abschneiden und zum Zusammennähen nutzen.

Fertigstellung: Das Kissen waschen und zum Trocknen auf eine Unterlage legen und spannen. Nach dem Trocknen, die obere Naht schließen. An der unteren Naht den Reißverschluss feststecken und einnähen. Den Rest der Naht schließen. Alle Fäden vernähen. Das Kissen einlegen.

TIPP
7 Maschenmarkierer erleichtern das Stricken dieser Kissenhülle, um damit Rapport- und Musterübergänge zu kennzeichnen.

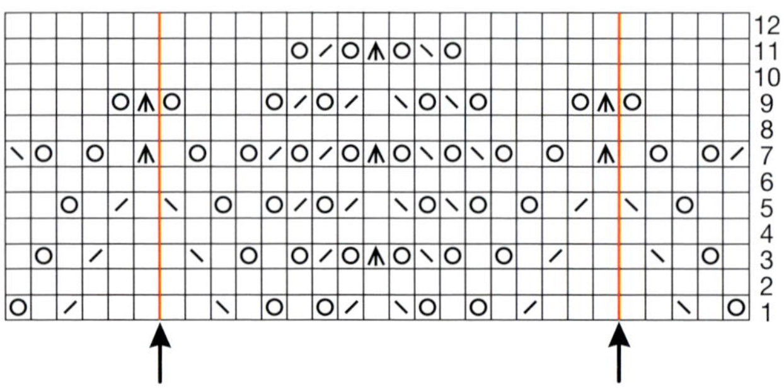

Zeichenerklärung:

□ = 1 Masche rechts
/ = 2 Maschen rechts zusammen
O = 1 Umschlag
⋀ = 1 doppelter Überzug mit aufliegender Mittelmasche
\ = 1 einfacher Überzug

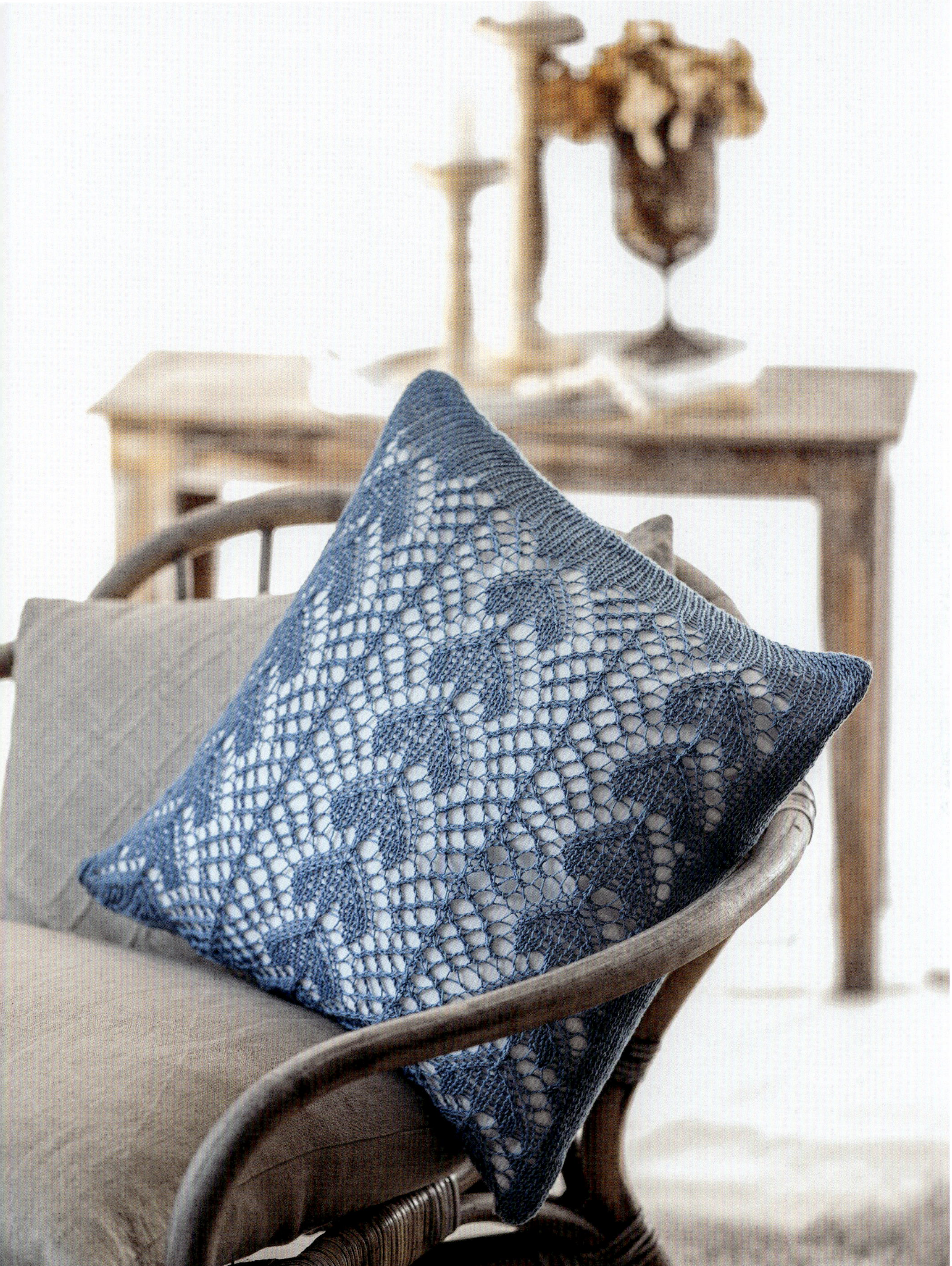

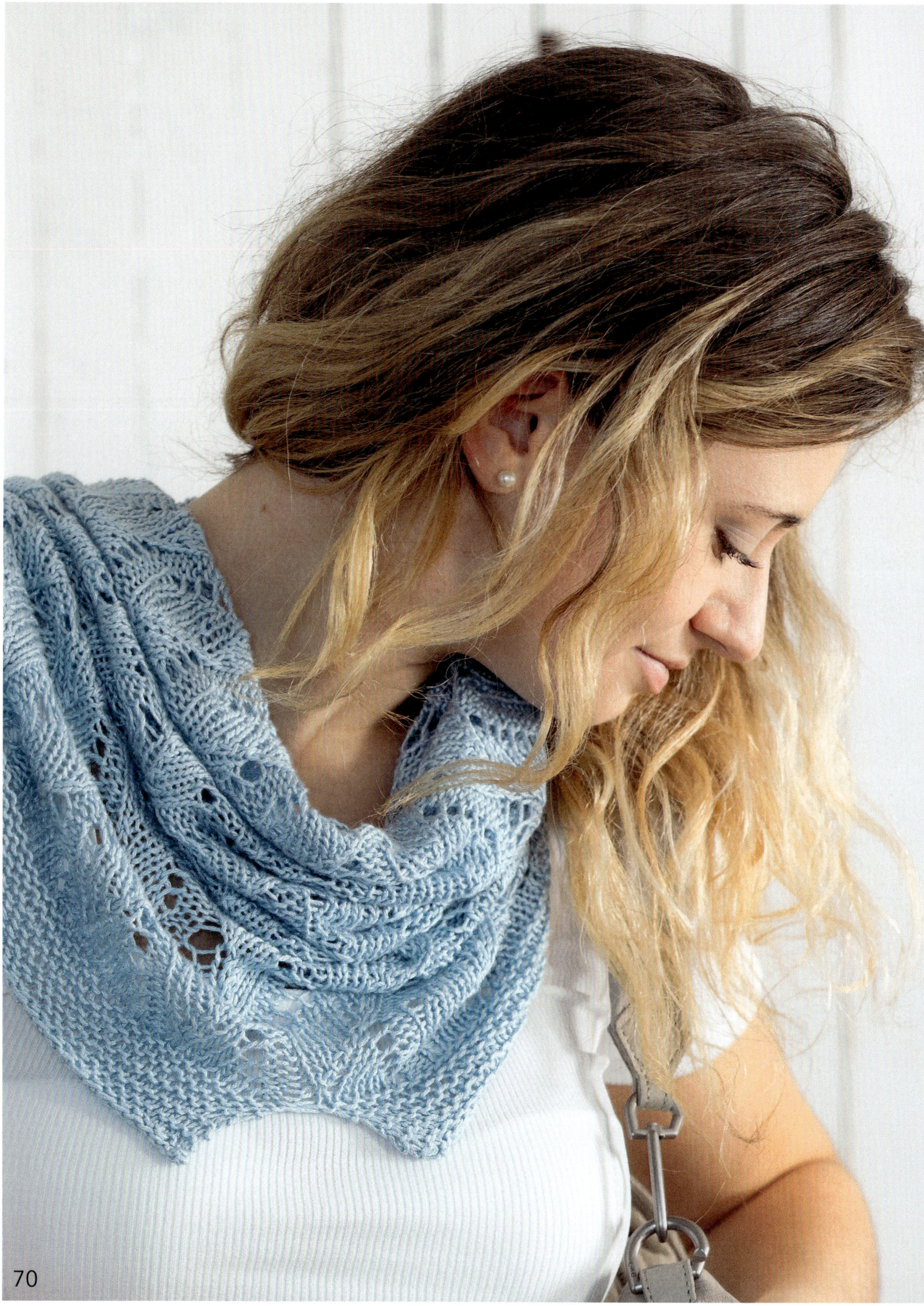

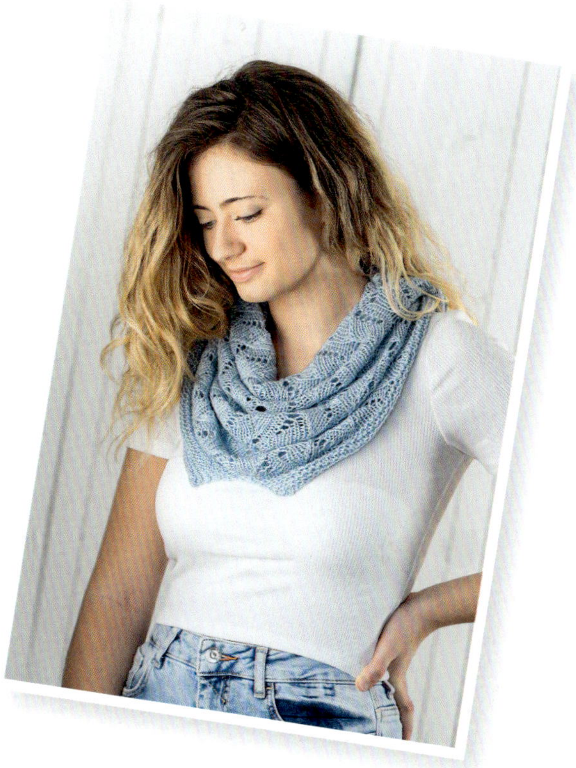

Loop

Schwierigkeitsgrad: leicht

Das Zickzackmuster von S. 14 wird für diesen Loop ganz einfach in Runden gestrickt. Damit entfällt die hintere Naht und der Schal aus leichter Viskose schmiegt sich besonders gut an.

Größe:
Umfang: 70 cm. Höhe: 50 cm

Material:
ggh Bambu (100% Viskose, LL = 125 m/50 g): 150 g Eisblau (Fb 05); Rundstricknadel in 5 mm, 60 cm lang; 1 Maschenmarkierer.

Muster:
Glatt rechts in Runden:
In allen Runden stets rechte M stricken.

Kraus rechts in Reihen:
In Hin- und Rückreihen stets rechte M stricken.

Zickzackmuster:
Maschenzahl teilbar durch 8. Das Muster in Runden nach Strickschrift arbeiten. Dort sind alle Runden notiert.

Den Rapport von 8 M zwischen den beiden Pfeilen und die 1. - 20. Rd stets wiederholen.

Maschenprobe:
Glatt rechts und Zickzackmuster: 16 Maschen und 28 Runden = 10 cm x 10 cm.

So wird's gemacht:

112 M aufstricken (s. a. Seite 11). Die M zur Rd schließen, ohne die Anschlagkante zu verdrehen, den Rundenübergang markieren und für den Rollrand 10 Rd glatt rechts stricken.

Dann 120 Rd (= 6x die 1.-20. Runde) im Zickzack-Lochmuster stricken, dabei in jeder Rd 14x den Rapport von 8 M arbeiten.

131. Runde: Alle M rechts stricken.
132. Runde: Alle M links stricken.
133. - 142. Reihe: 10 Reihen kraus rechts in Hin- und Rückreihen stricken.

Dann alle Maschen elastisch abketten (s. a. Seite 11).

Fertigstellung: Den Loop waschen, zum Trocknen auf eine Unterlage legen und leicht spannen. Alle Fäden vernähen.

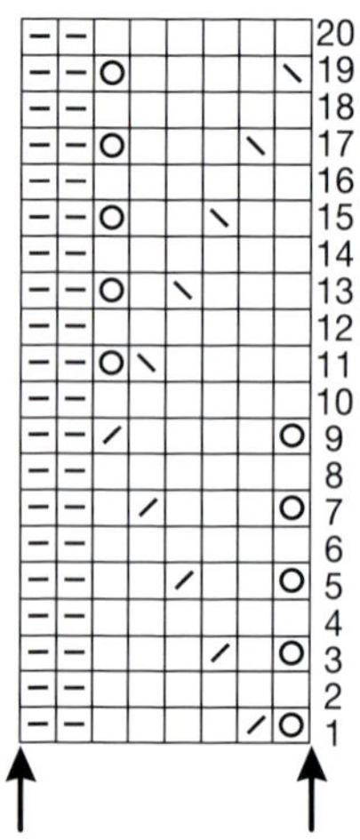

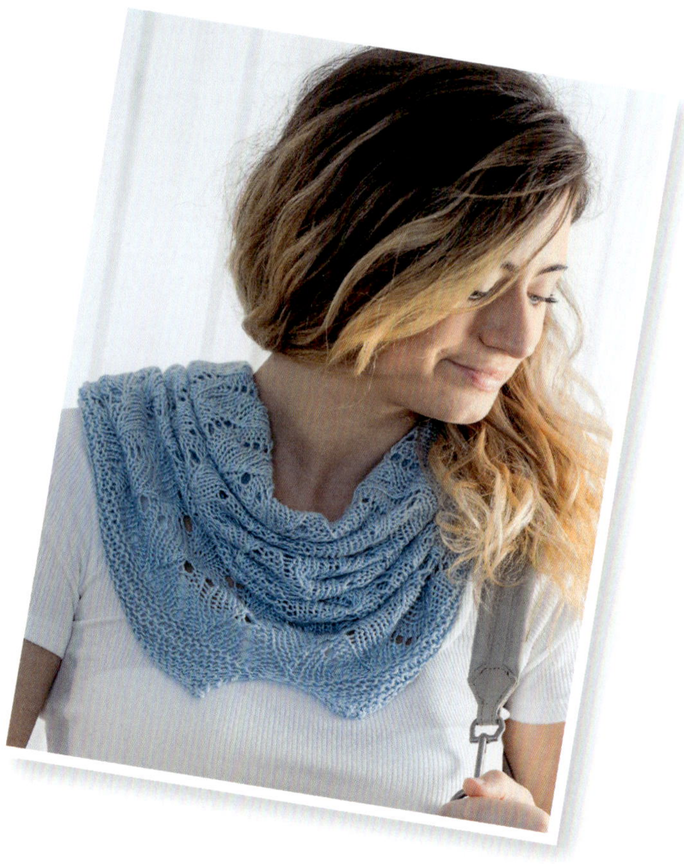

Zeichenerklärung:

- □ = 1 Masche rechts
- – = 1 Masche links
- / = 2 Maschen rechts zusammen
- O = 1 Umschlag
- \ = 1 einfacher Überzug

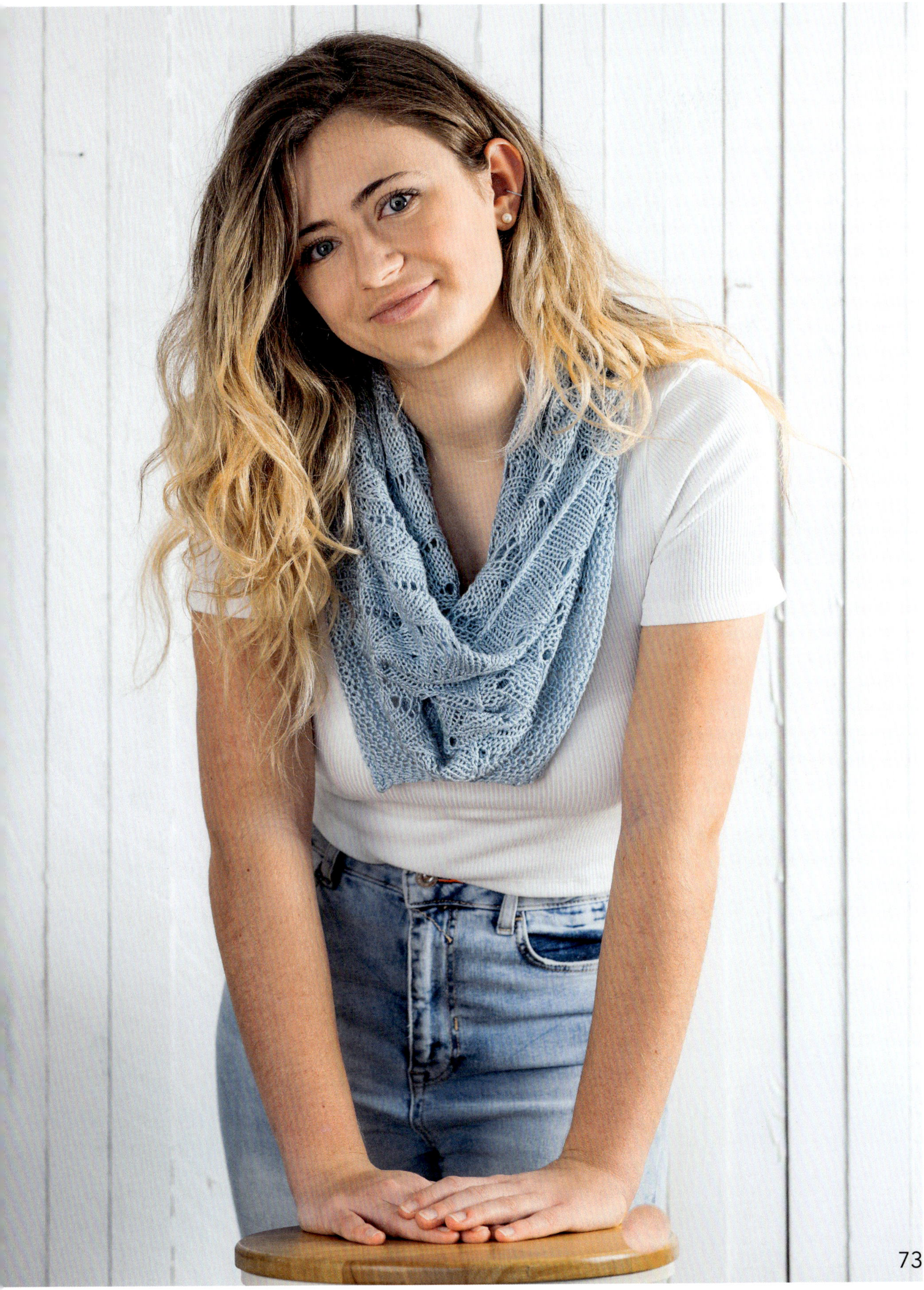

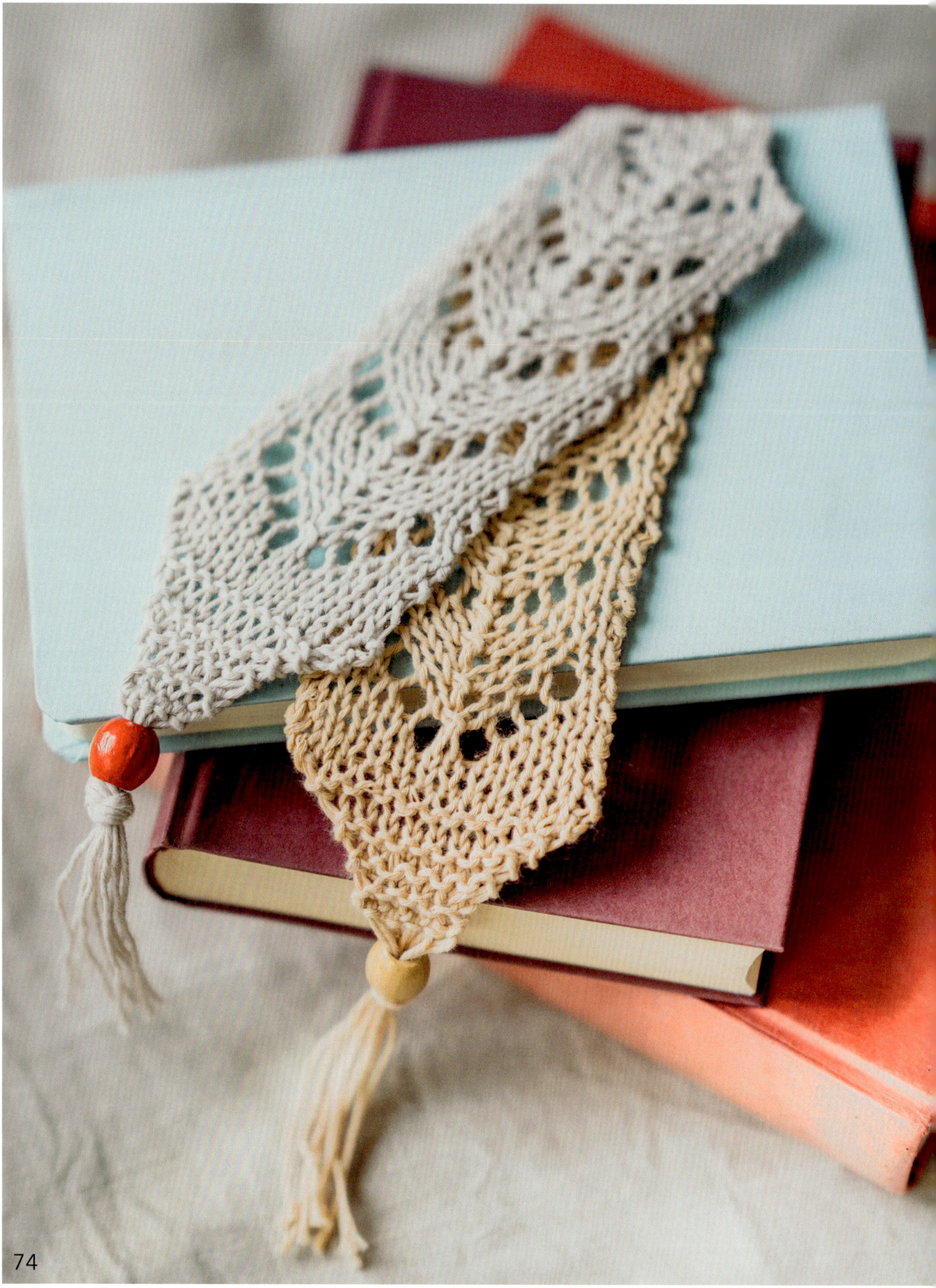

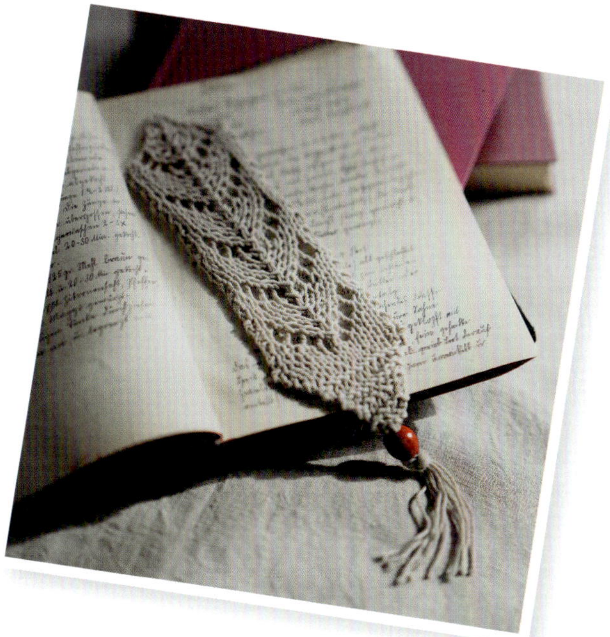

Lesezeichen

Schwierigkeitsgrad: leicht

Ganz außergewöhnliche Lesezeichen aus einem gestrickten Lochmusterstreifen im Hufeisenmuster von S. 26. Durch streifenförmiges Stärken gewinnen nur die Ränder des fertigen Lesezeichens etwas Stand.

Größe:

6 cm x 21 cm (ohne Quaste)

Material:

ggh Cottina (100% Baumwolle, LL = 140 m/50 g): 50 g Beige (Fb 11) und 50 g Karamell (Fb 33); 2 Nadelspielnadeln in 2,5 mm; 2 olivenförmige Holzperlen, 10 mm breit, 15 mm lang; Rayher Textilverstärker; Pinsel.

Muster:

Kraus rechts:
In Hin- und Rückreihen stets rechte M stricken.

Glatt rechts:
In Hinreihen rechte M, in Rückreihen linke M stricken.

Hufeisenmuster:
Maschenzahl teilbar durch 10 + 1. Ränder oder Randmaschen werden in der Anleitung beschrieben.
Das Muster in Hin- und Rückreihen nach Strickschrift arbeiten. Dort sind die Hinreihen notiert.

In den HinR 1x den Rapport von 10 M stricken und mit der M nach den linken Pfeil enden.
In den RückR alle M und Umschläge links stricken. Alle übrigen M stricken, wie in der Anleitung beschrieben.

Den Rapport von 10 M zwischen den beiden Pfeilen und die 1. – 8. R stets wiederholen.

Maschenprobe:

Hufeisenmuster: 22 Maschen und 28 Reihen = 10 cm x 10 cm.

So wird's gemacht:

13 M in Beige anschlagen und die M wie folgt einteilen: 1 M kraus rechts, 11 M Hufeisenmuster, dazu den Rapport zwischen den Pfeilen einmal arbeiten und mit der M nach dem linken Pfeil enden, 1 M kraus rechts. In dieser Einteilung 40 R (= 5x die 1.-8. Reihe des Hufeisenmusters) stricken.
Anschließend noch 2 R glatt rechts zwischen den beiden kraus rechten RandM stricken.

Weiter kraus rechts arbeiten und in den HinR folgende Abnahmen arbeiten: 1 überzogene Abnahme, alle M rechts bis zu den letzten 2 M, diese 2 M rechts zusammen. Nach insgesamt 8 R kraus rechts die letzten 5 M locker abketten.

Das zweite Lesezeichen auf dieselbe Weise in Karamell stricken.

Fertigstellung:
Alle Fäden vernähen. Das Lesezeichen anfeuchten und mit der Rückseite nach oben auf einer Unterlage spannen. Den Textilverstärker mit Hilfe eines Pinsels nur auf die Ränder der Lesezeichen aufstreichen, dabei das obere kraus rechte Dreieck auslassen. So erhält das Lesezeichen etwas Stand und Festigkeit, ist aber nicht zu steif. Für die Quaste 5 Garnabschnitte von ca. 30 cm Länge zuschneiden und an der Abkettkante einknüpfen. Die Fransen auf gleichmäßige Länge schneiden, je eine Holzperle auffädeln und mit einem Knoten fixieren.

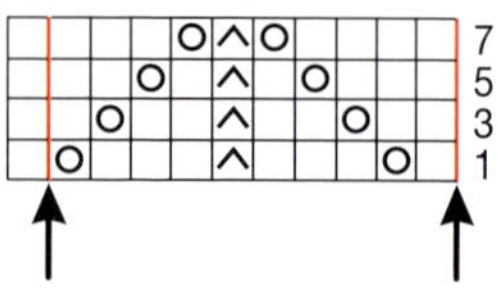

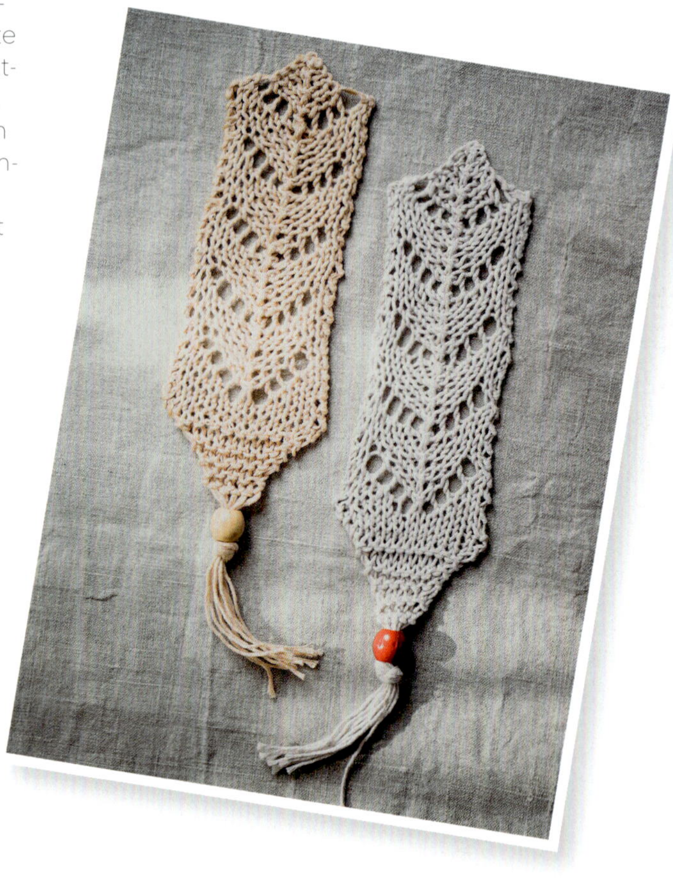

Zeichenerklärung:

△ = 1 doppelter Überzug
○ = 1 Umschlag
☐ = 1 Masche rechts

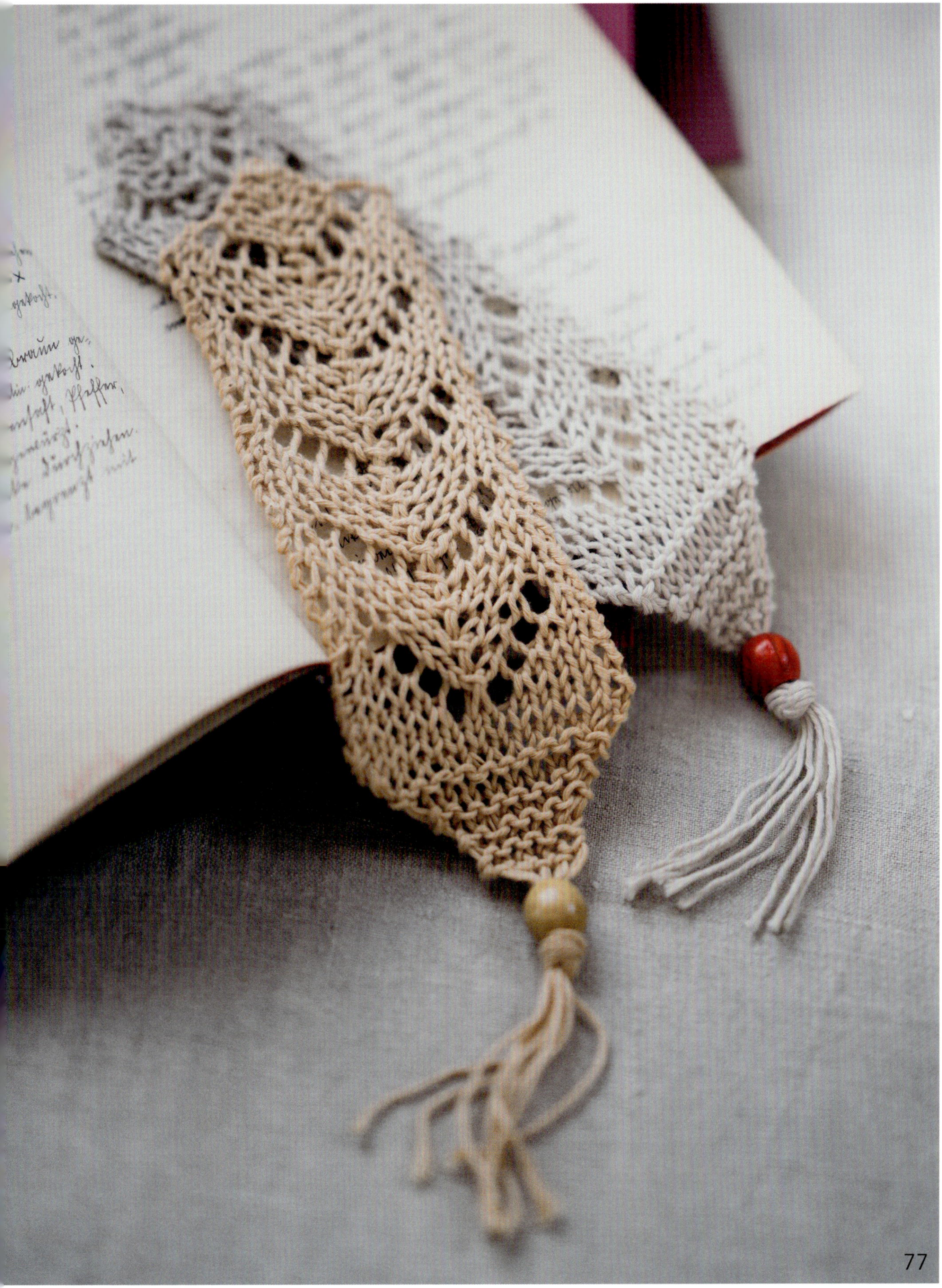

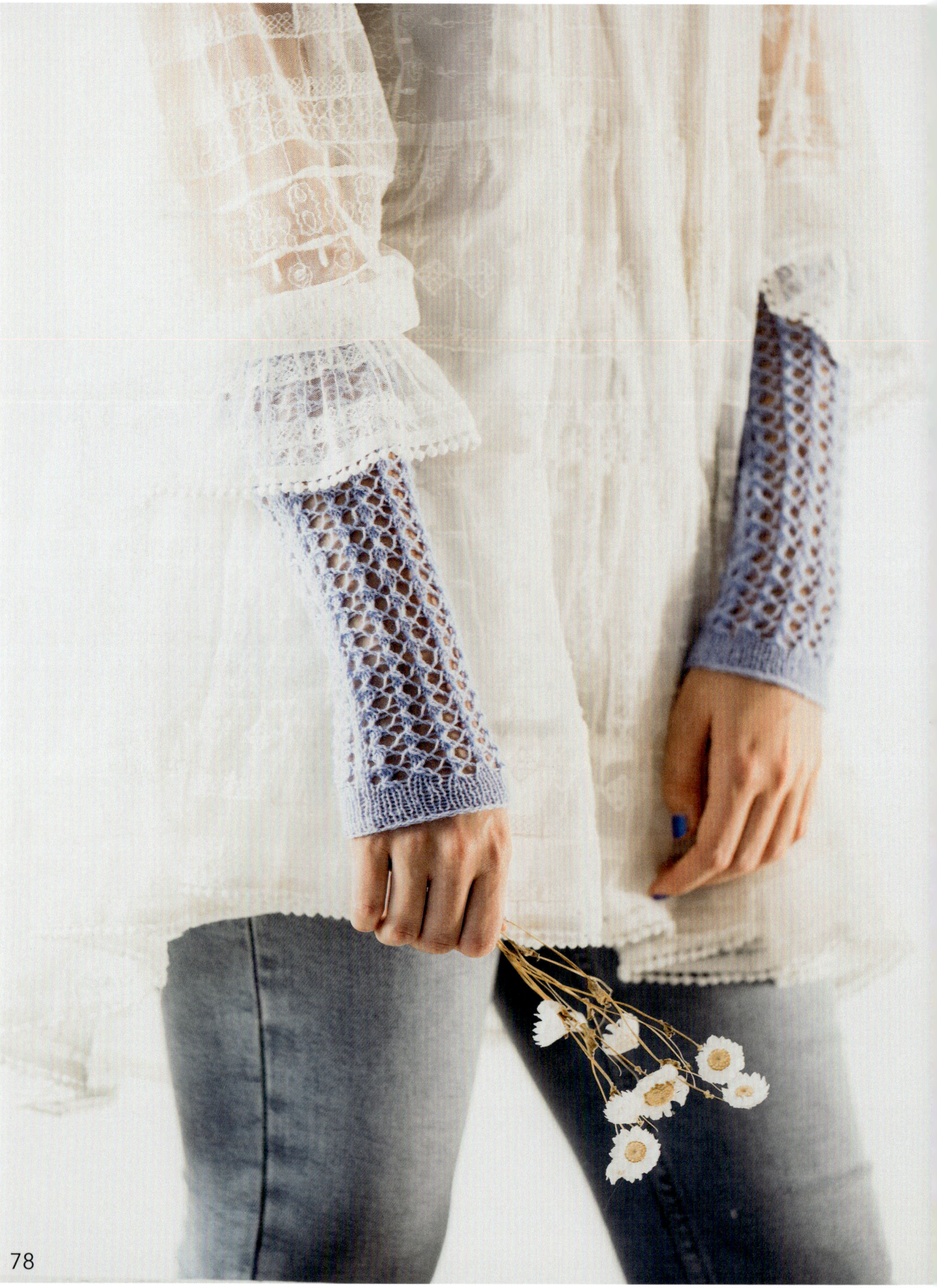

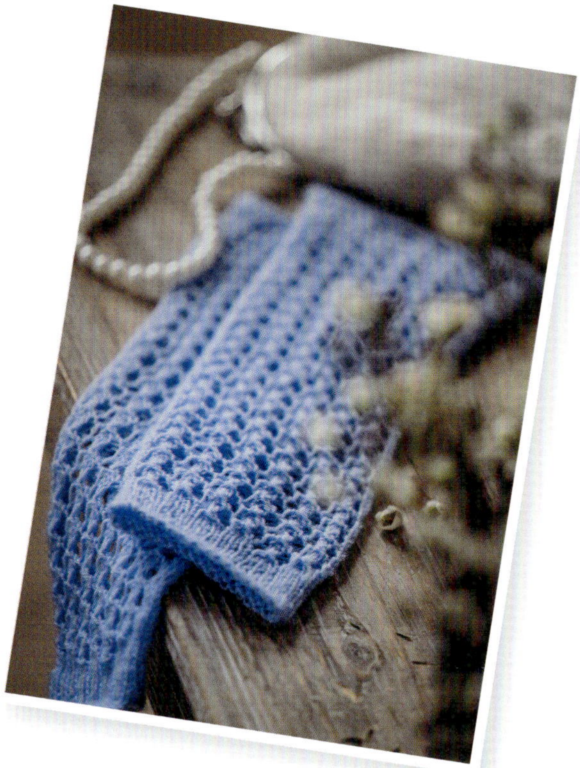

Armstulpen

Schwierigkeitsgrad: mittel

Das Käfermuster von S. 28 verleiht den Stulpen eine schöne Elastizität und lässt sie dabei luftig-leicht wirken. Besonders bequem tragen sie sich durch die an beiden Seiten eingestrickten kleinen Spickel.

Größe:

Länge: 30 cm lang,
Umfang Handgelenk: 18 cm,
Umfang Arm: 24 cm

Material:

Lana Grossa Cool Wool Lace (100% Schurwolle (Merino extrafine), LL = 400 m/50 g): 50 g Hellblau (Fb 1); addiCraSyTrio Sockenstricknadeln in 3,5 mm oder 2 Rundstricknadeln in 3,5 mm, 60 cm lang; 1 Maschenmarkierer.

Muster:

Glatt rechts in Runden:
In allen Rd stets rechte M stricken.

Kraus rechts in Runden:
Abwechselnd 1 Rd rechte M und 1 Rd linke M stricken.

Käfermuster:
Maschenzahl teilbar durch 6. Das Muster in Runden nach Strickschrift arbeiten. Dort sind alle Runden notiert.

Den Rapport von 6 M zwischen den beiden Pfeilen und die 1. – 4. Rd stets wiederholen.

Maschenprobe:

Glatt rechts und Käfermuster: 24 Maschen und 36 Runden = 10 cm x 10 cm.

So wird's gemacht:

40 M gleichmäßig verteilt zu je 20 M auf 2 CraSyTrio-Nadeln oder 2 Rundstricknadeln anschlagen. Die M zur Rd schließen, ohne die Anschlagkante dabei zu verdrehen, den Rundenübergang markieren und 10 Rd glatt rechts stricken.

Dann die M wie folgt einteilen: 1 M rechts, 18 M im Käfermuster, 1 M rechts (= Nadel 1), 1 M rechts, 18 M im Käfermuster, 1 M re (= Nadel 2). In dieser Einteilung 40 Rd (= 10x die 1.-4. Runde des Käfermusters) stricken.

Weiter in der Mustereinteilung stricken, dabei für die Unterarmzunahmen in der folgenden Rd mit Nadel 1 und mit Nadel 2 jeweils vor ihrer 1. M je 1 M verschränkt aus dem Querfaden zunehmen = 42 Maschen. In den folgenden 19 Rd (= 1x die 2.-4. Runde und noch 4x die 1.-4. Runde des Käfermusters) die zugenommenen M rechts stricken.

In der folgenden Rd wieder jeweils 1 M verschränkt aus dem Querfaden vor der 1. M jeder Nadel herausstricken, die zugenommenen M rechts, alle übrigen M weiter in der Mustereinteilung stricken = 44 Maschen. In den folgenden 19 Rd (= 1x die 2.-4. Runde und noch 4x die 1.-4. Runde des Käfermusters) alle zugenommenen M rechts stricken.

In der folgenden Rd noch einmal jeweils 1 M verschränkt aus dem Querfaden vor der 1. M jeder Nadel herausstricken, die zugenommenen M rechts, alle übrigen M weiter in der Mustereinteilung stricken = 46 Maschen. In den folgenden 7 Rd (= 1x die 2.-4. Runde und noch 1x die 1.-4. Runde des Käfermusters) alle zugenommenen M rechts stricken.

Dann noch 6 Rd kraus rechts stricken und alle M elastisch abketten (s. a. Seite 11).

Fertigstellung: Alle Fäden vernähen. Die Armstulpen waschen und spannen.

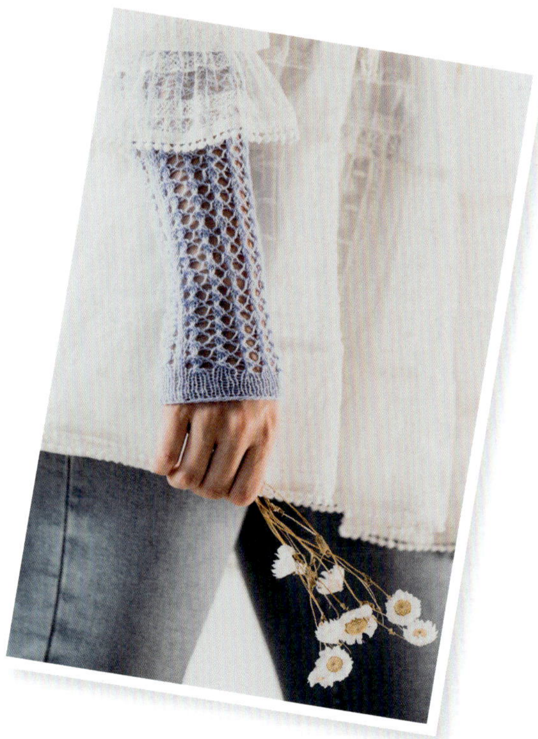

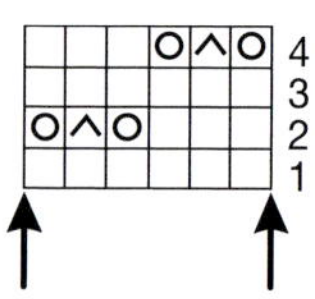

Zeichenerklärung:

[⋀] = 1 doppelter Überzug
[○] = 1 Umschlag
[ ] = 1 Masche rechts

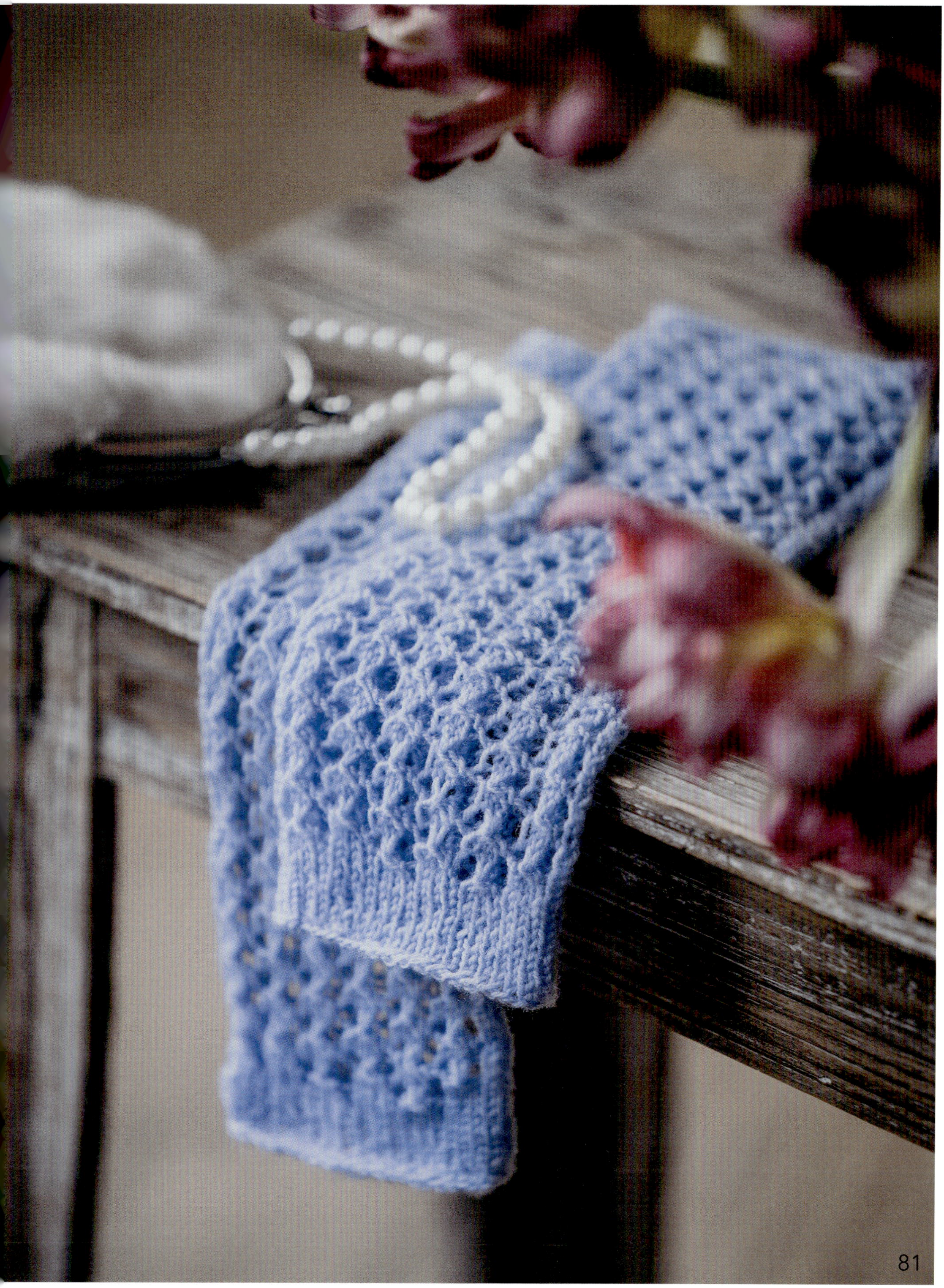

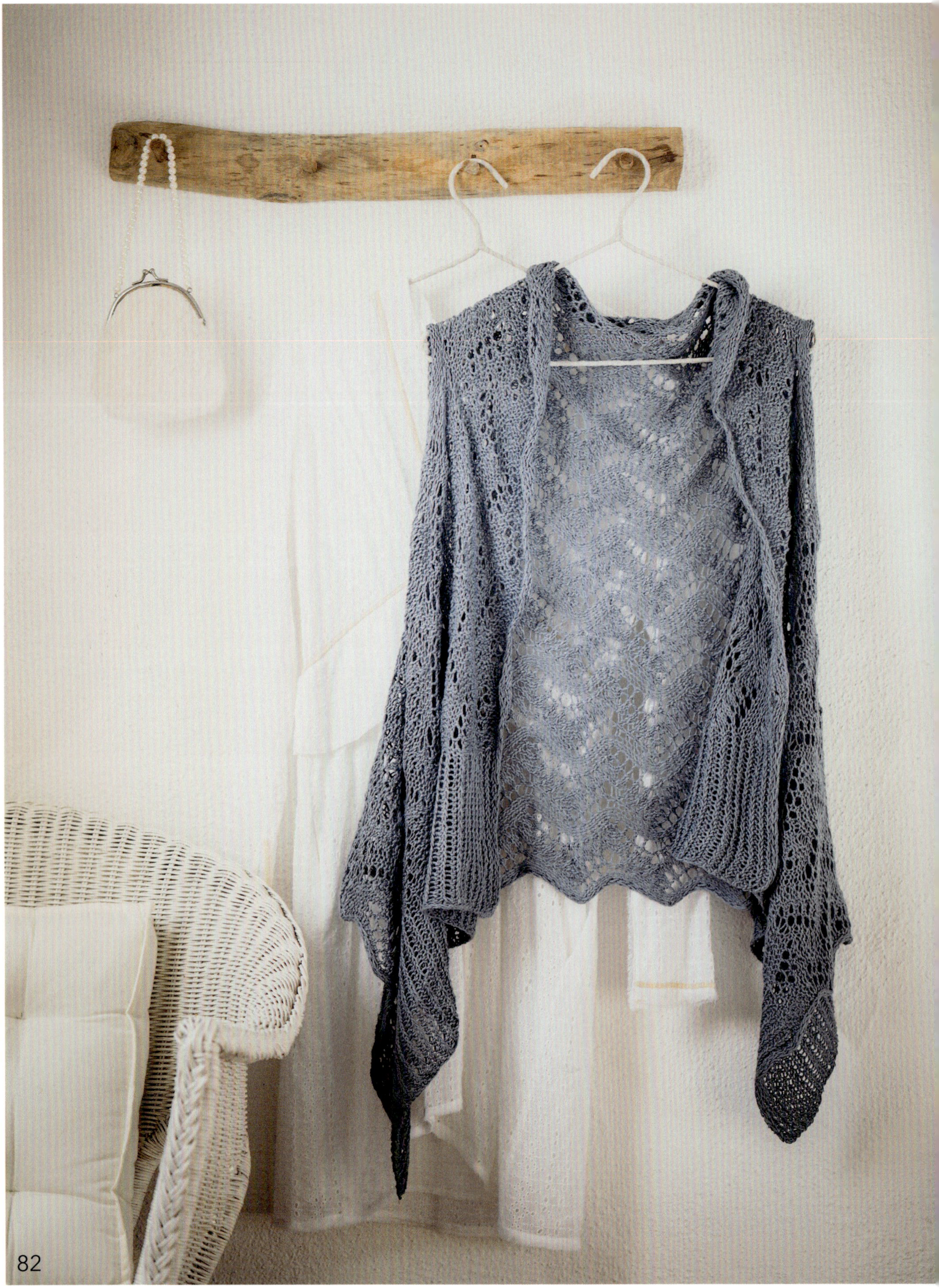

Zipfelweste

Schwierigkeitsgrad: mittel

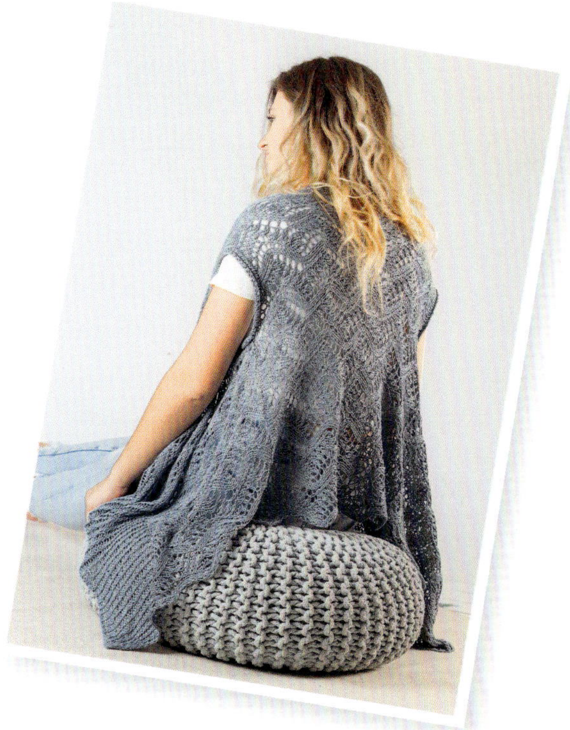

Die weitschwingende Zipfelweste wird in einem Stück und ab dem unteren Bündchen vollständig im Ajourrippenmuster von S. 32 gestrickt.

Größe:

Einheitsgröße
Länge: 64-68 cm

Material:

Schachenmayr Soft Linen Mix (70% Viskose, 30% Leinen, LL = 93 m/50 g): 400 g Eisblau (Fb 52); Rundstricknadel in 5 mm, 60 cm und 100 cm lang.

Muster:

Randmaschen:
In jeder Reihe: die 1. M mit dem Faden vorne links abheben, die 2. M rechts stricken, nach Anleitung bis zu den letzten 2 M stricken, die vorletzte M mit dem Faden vorne links abheben, letzte M rechts.

Glatt rechts in Runden:
In allen Runden stets rechte Maschen stricken.

Rippenmuster:
1. Reihe (Hinreihe): 1 M links, * 1 M rechts verschränkt, 1 M links; ab * stets wiederholen.
2. Reihe (Rückreihe): 1 M rechts verschränkt, * 1 M links, 1 M rechts verschränkt; ab * stets wiederholen.

Ajourrippen:
Maschenzahl teilbar durch 9 + 2. Ränder oder Randmaschen werden in der Anleitung beschrieben.
Das Muster in Hin- und Rückreihen nach Strickschrift arbeiten. Dort sind die Hinreihen notiert.

In den HinR den Rapport von 9 M stets wiederholen und mit den 2 M nach dem linken Pfeil enden.
In den RückR alle M und Umschläge links stricken.
Alle übrigen M stricken, wie in der Anleitung beschrieben.

Die 1. – 20. Reihe stets wiederholen.

Maschenprobe:

Rippenmuster und Ajourrippen: 15 Maschen und 21 Reihen = 10 cm x 10 cm.

So wird's gemacht:

97 M auf der langen Rundstricknadel anschlagen und die M wie folgt einteilen: 2 RandM, 93 M Rippenmuster, 2 RandM. In dieser Einteilung insgesamt 29 R stricken. In der folgenden RückR alle M links stricken, dabei die mittleren 2 M links zusammen = 96 Maschen.

In der folgenden HinR die M wie folgt einteilen: 2 RandM, 92 M im Ajourrippenmuster, dazu 10x den Rapport von 9 M zwischen den beiden Pfeilen, dann die 2 M nach dem linken Pfeil stricken, 2 RandM. In dieser Einteilung 60 R (= 3x die 1. - 20. Reihe des Ajourrippenmusters) arbeiten. Die letzte R ist eine RückR.

Dann das <u>1. Armloch</u> arbeiten: 2 RandM, 22 M rechts, 25 M abketten, 45 M rechts, 2 RandM. In der folgenden Rückreihe: 2 RandM, 45 M rechts, die Nadel wenden, 25 M aufstricken (s. a. Seite 11), 22 M rechts, 2 RandM.

Für das Rückenteil 100 R (= 5x die 1. - 20. Reihe des Ajourrippenmusters) stricken. Dann das <u>2. Armloch</u> wie das erste Armloch arbeiten. Anschließend noch einmal 60 R (= 3x die 1. - 20. Reihe des Ajourrippenmusters) stricken. Die letzte R ist eine RückR.

In der folgenden HinR zwischen den RandM alle M rechts stricken, dabei eine M zunehmen = 97 Maschen. In der folgenden Rückreihe zwischen den RandM mit dem Rippenmuster beginnen, dazu die 2. R des Rippenmusters (= RückR) stricken. Weitere 28 R im Rippenmuster stricken, dann alle M im Muster abketten.

Um das Armloch mit der kurzen Rundstricknadel von rechts 52 M aufnehmen. 5 Rd glatt rechts stricken, dann alle M elastisch abketten (s. a. Seite 11). Beim 2. Armloch ebenso vorgehen.

Fertigstellung: Alle Fäden vernähen. Die Weste waschen und leicht spannen.

TIPP
10 Maschenmarkierer erleichtern das Stricken dieser Weste, um damit Rapport- und Musterübergänge zu kennzeichnen.

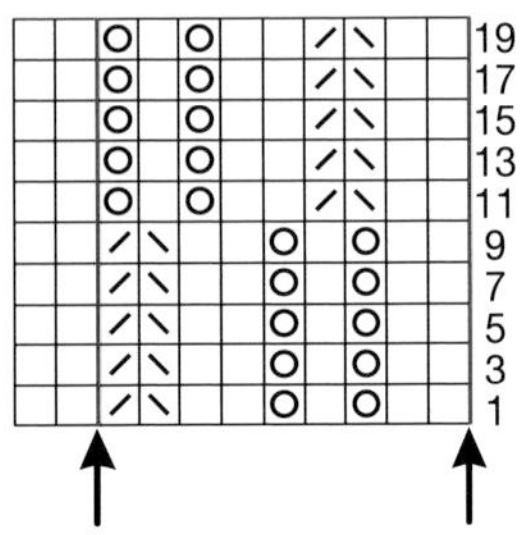

Zeichenerklärung:

- ☐ = 1 Masche rechts
- ⧄ = 2 Maschen rechts zusammen
- ◯ = 1 Umschlag
- ⧅ = 1 einfacher Überzug

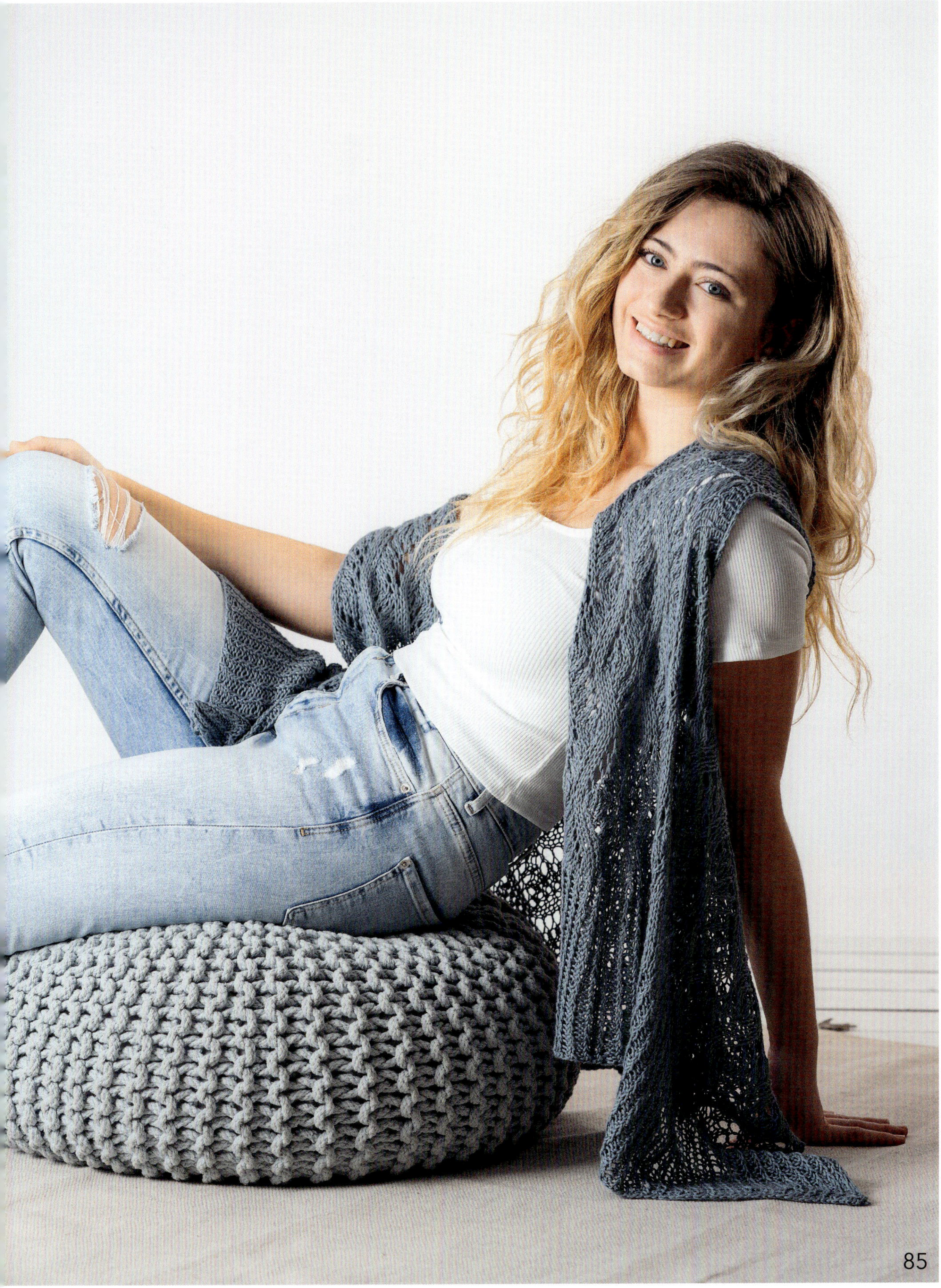

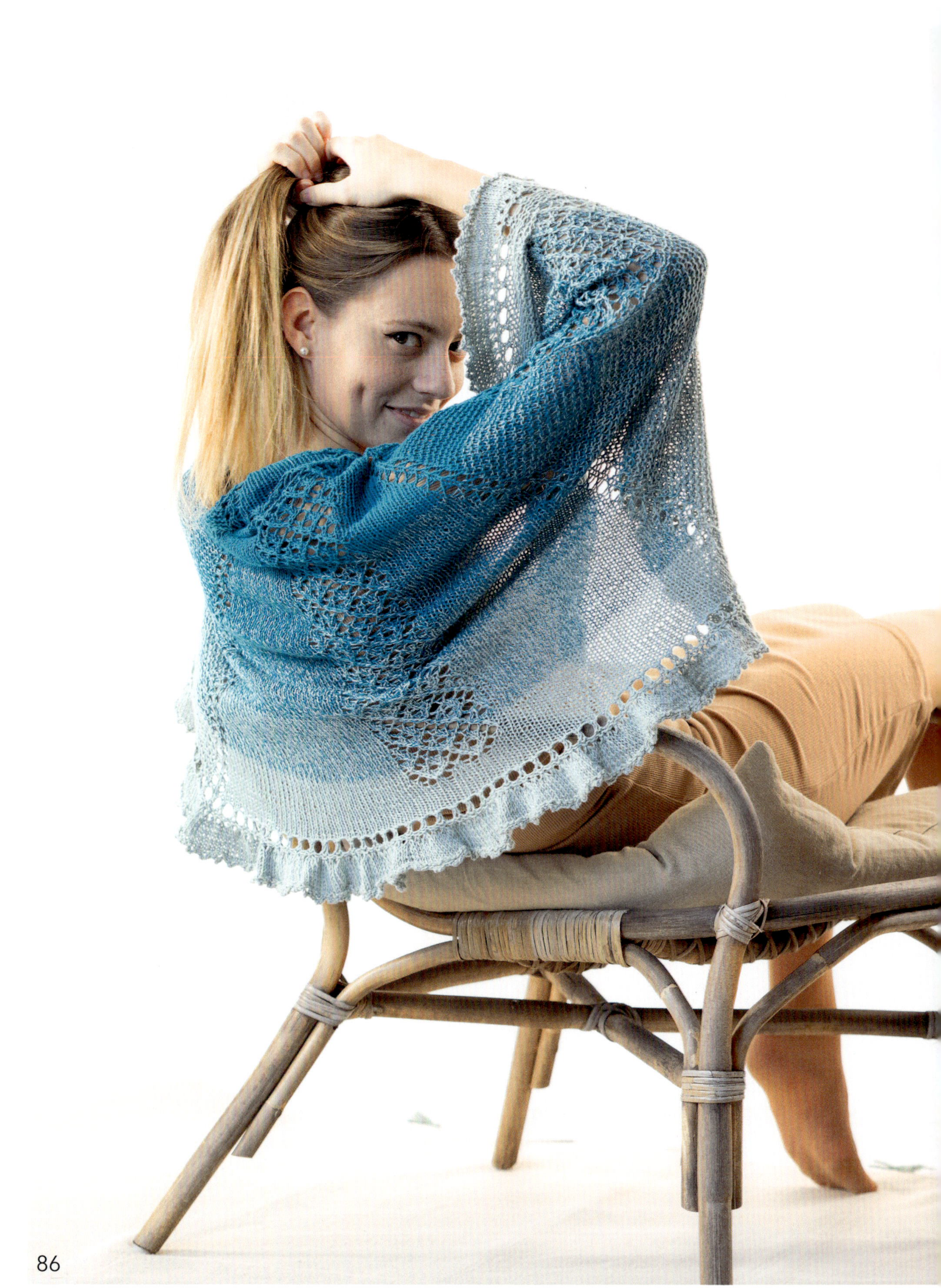

Halbmondtuch

Schwierigkeitsgrad: anspruchsvoll

Das raffinierte Halbmondtuch kombiniert Streifen im Doppelten Vierecke-Muster von S. 30 mit einer ausgeklügelten Formgebung. Den schönen Farbverlauf des Garns schließt unten eine Rüschenborte ab.

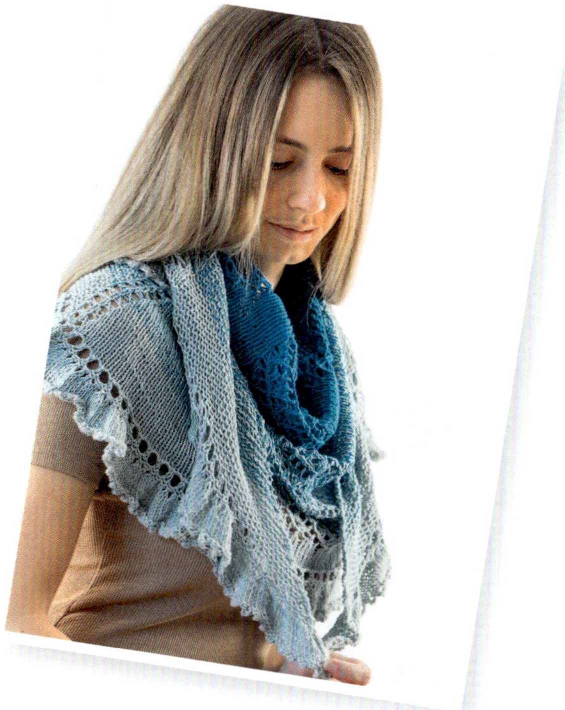

Größe:

180 cm x 65 cm

Material:

Lana Grossa Twisted Summer Shades (100% Baumwolle, LL = 800 m/200 g): 200 g Hellgrau-Türkis-Petrol (Fb 1001), Rundstricknadel in 4 mm; 8 Maschenmarkierer (= MM).

Muster:

Kraus rechts:
In Hin- und Rückreihen stets rechte M stricken.

Glatt rechts:
In Hinreihen rechte M, in Rückreihen linke M stricken.

Doppelte Vierecke:
Maschenzahl teilbar durch 6 + 9. Ränder oder Randmaschen werden in der Anleitung beschrieben.
Das Muster in Hin- und Rückreihen nach Strickschrift arbeiten. Dort sind die Hinreihen notiert.

In den HinR mit den 4 M vor dem linken Pfeil beginnen, den Rapport von 6 M stets wiederholen und mit den 5 M nach dem linken Pfeil enden.
In den RückR alle M und Umschläge links stricken. Alle übrigen M stricken, wie in der Anleitung beschrieben.

Die 1. - 12. Reihe stets wiederholen.

Rüschenborte:
Maschenzahl teilbar durch 2 + 1. Die Borte wird wie beschrieben ohne Randmaschen gearbeitet.

1.-2. Reihe: 2 R kraus rechts stricken.
3. Reihe (Hinreihe): * 2 M rechts zusammen, 1 Umschlag; ab * stets wiederholen, 1 M rechts.
4.-6. Reihe: 3 R kraus rechts stricken.
7. Reihe (Hinreihe): 1 M rechts, * [1 M rechts, 1 M links, 1 M rechts] in die folg M, [1 M rechts, 1 M links] in die folg M; ab * stets wiederholen. Die Maschenzahl erhöht sich dadurch auf das 2,5-fache.
8. Reihe (Rückreihe): Alle M links stricken.
9.-14. Reihe: 6 R glatt rechts stricken.
15.-16. Reihe: 2 R kraus rechts stricken.
17. Reihe (Hinreihe): Alle M als Picots abketten, dazu * 2 M auf der linken Nadel aufstricken (s. a. Seite 11), dann 3 M rechts verschränkt abketten und 2 M rechts abketten, die M auf der rechten Nadel zurück auf die linke Nadel heben; ab * stets wiederholen, die letzte M abketten, wie sie erscheint (s. a. Seite 11).

Einmal die 1. - 17. Reihe arbeiten.

Maschenprobe:

Glatt rechts: 19 Maschen und 26 Reihen = 10 cm x 10 cm; **Doppelte Vierecke:** 17 Maschen und 26 Reihen = 10 cm x 10 cm.

So wird's gemacht:

Das Fadenende aus dem Inneren des Knäuels holen und von innen nach außen verstricken.

3 Maschen anschlagen.

1. Reihe (Hinreihe): [1 M rechts, 1 Umschlag] 2x, 1 M rechts = 5 Maschen.
2. Reihe (Rückreihe): Alle Maschen rechts.
3. Reihe: 1 M rechts, 1 Umschlag, 3 M rechts, 1 Umschlag, 1 Masche rechts = 7 Maschen.
4. Reihe: Alle Maschen rechts.
5. Reihe: * [1 M rechts, 1 Umschlag] 2x, einen MM einhängen; ab * noch einmal wiederholen, [1 M rechts, 1 Umschlag] 2x, 1 M rechts = 13 Maschen.
6. Reihe: 3 M rechts, 2 M links, MM abheben, 4 M links, MM abheben, 1 M links, 3 M rechts.
7. Reihe: Alle Maschen rechts.
8. Reihe: Bis 2 M vor dem ersten MM rechts stricken, 2 M links, MM abheben, links stricken bis zum MM, MM abheben, 1 M links, alle übrigen M rechts.
9. Reihe: [1 M rechts, 1 Umschlag, rechts stricken bis zum MM, 1 Umschlag, MM abheben] 2x, 1 M rechts, 1 Umschlag, rechts stricken bis zur letzten Masche, 1 Umschlag, 1 Masche rechts = 6 Zunahmen.
10. Reihe: wie die 8. Reihe

Dann die 7. - 10. Reihe noch 7x wiederholen = 61 Maschen.

39. Reihe (Hinreihe): [3 M rechts, einen neuen MM einhängen, 15 M nach Strickschrift, einen neuen MM einhängen, 2 M rechts, MM abheben] 2x, 3 M rechts, einen neuen MM einhängen, 15 M nach Strickschrift, einen neuen MM einhängen, 3 M rechts.
40. Reihe: (Rückreihe): Bis zum ersten MM rechts stricken, MM abheben, 15 M links, MM abheben, rechts stricken bis 2 M vor dem nächsten MM, 2 M links, MM abheben, [links stricken bis zum nächsten MM, MM abheben] 3x, 1 M links, rechts stricken bis zum nächsten MM, MM abheben, 15 M links, MM abheben, rechts stricken bis zum Ende der Reihe.
41. Reihe: [1 M rechts, 1 Umschlag, rechts stricken bis zum MM, MM abheben, 15 M nach Strickschrift, MM abheben, rechts stricken bis zum MM, 1 Umschlag, MM abheben] 2x, 1 M rechts, 1 Umschlag, rechts stricken bis zum MM, MM abheben, 15 M nach Strickschrift, MM abheben, rechts stricken bis zur letzten M, 1 Umschlag, 1 M rechts = 6 Zunahmen.
42. Reihe: wie die 40. Reihe
43. Reihe: [Rechts stricken bis zum MM, MM abheben, 15 M nach Strickschrift, MM abheben, rechts stricken bis zum MM, MM abheben] 2x, rechts stricken bis zum MM, MM abheben, 15 M nach Strickschrift, MM abheben, die restlichen M rechts stricken.
44.-46. Reihe: wie die 40. - 42. Reihe

Einmal die 39. - 46. R stricken, dann die 43. - 46. Reihe noch 34x wiederholen = 144 R (= 12x die 1. - 12. R der Strickschrift) = 277 Maschen.

183. Reihe (Hinreihe): Alle M rechts stricken, dabei bis auf den 3. und 6. MM (= die MM an den beiden diagonalen Lochmusterstreifen) alle MM entfernen.
184. Reihe (Rückreihe): Bis 2 M vor dem MM rechts stricken, 2 M links, MM abheben, links stricken bis zum MM, MM abheben, 1 M links, rechts stricken bis zum Ende der Reihe.
185. Reihe: 1 M rechts, 1 Umschlag, rechts stricken bis zum MM, 1 Umschlag, MM abheben, 1 M rechts, 1 Umschlag, rechts stricken bis zum MM, 1 Umschlag, MM abheben, 1 M rechts, 1 Umschlag, rechts stricken bis zur letzten M, 1 Umschlag, 1 M rechts = 6 Zunahmen.
186. Reihe: wie die 184. Reihe
187. Reihe: Alle M rechts stricken.
188. - 190. Reihe: wie die 184.-186. Reihe

Dann die 17 Reihen der Rüschenborte arbeiten.

Fertigstellung: Alle Fäden vernähen. Das Tuch waschen und leicht spannen.

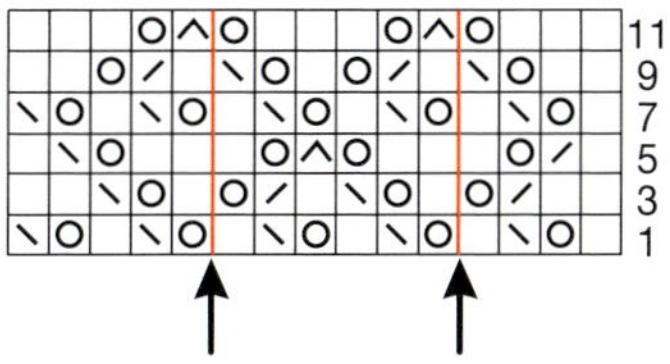

Zeichenerklärung:

- ☐ = 1 Masche rechts
- ⧄ = 2 Maschen rechts zusammen
- ◯ = 1 Umschlag
- ⧅ = 1 einfacher Überzug
- △ = 1 doppelter Überzug

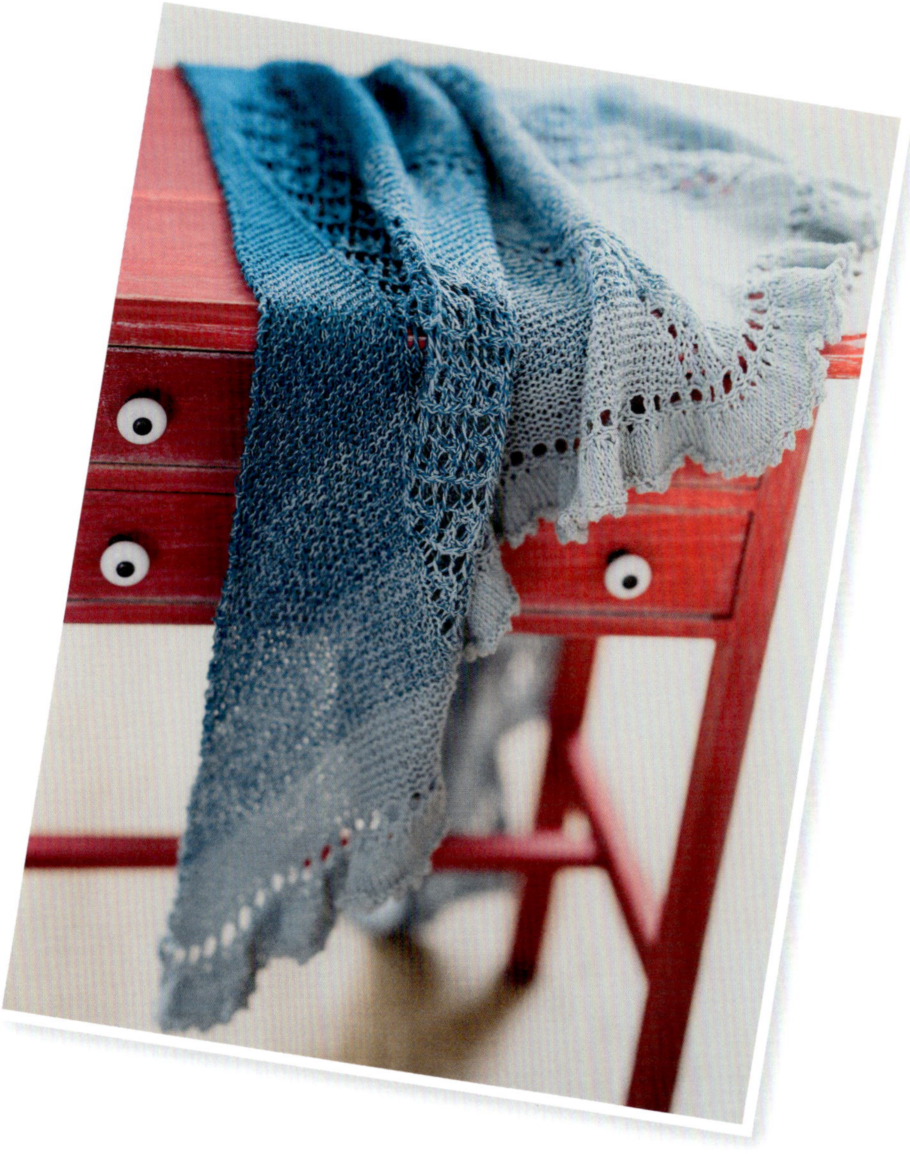

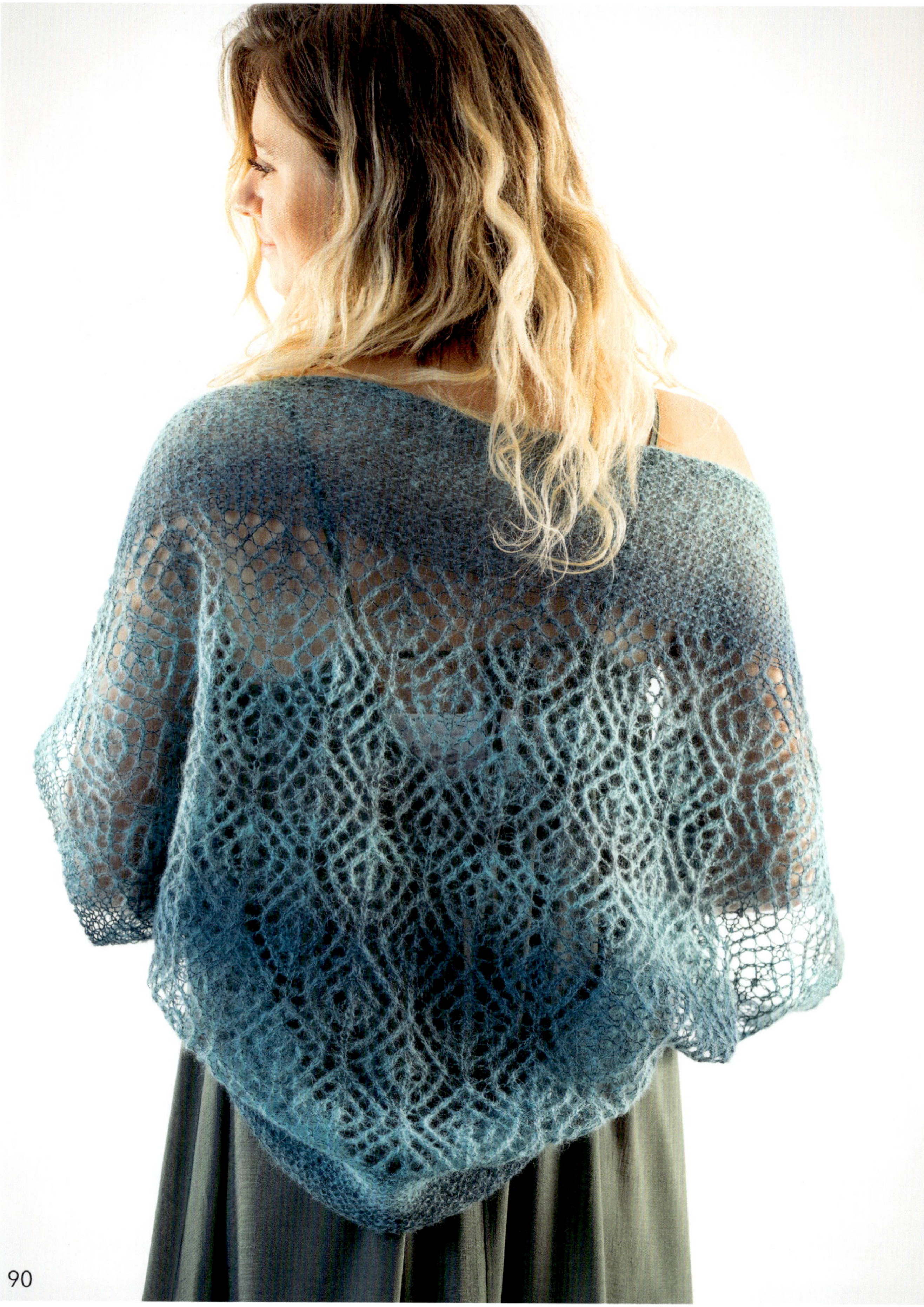

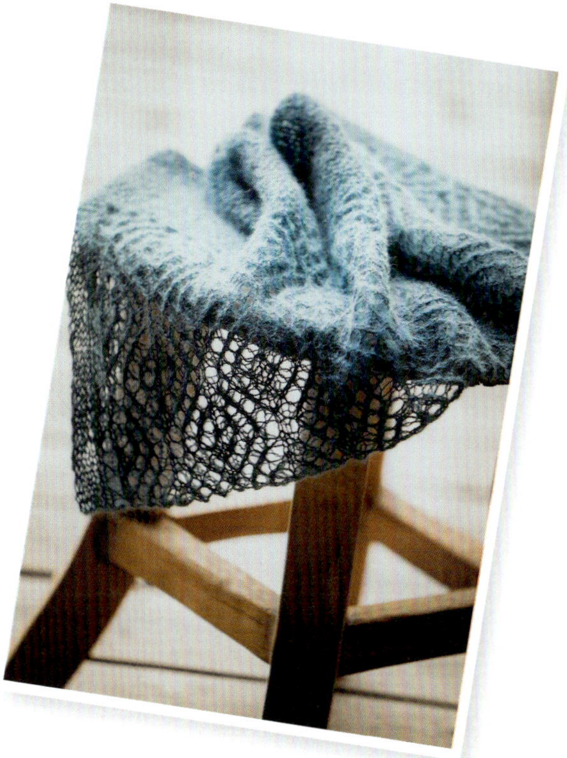

Shrug

Schwierigkeitsgrad: anspruchsvoll

Bei diesem zarten Shrug aus edlem Seiden-Lacegarn wurde das Rautenmuster von S. 34 zu beiden Seiten um jeweils einen halben Rapport verlängert.

Größe:
Einheitsgröße, Länge hinten: ca. 65 cm

Material:
Austermann Alpaca Silk (70% Alpaka, 30% Seide, LL = 210 m/25 g): 50 g Mint (Fb 05); Rundstricknadel in 5 mm.

Muster:
Kraus rechts:
In Hin- und Rückreihen stets rechte M stricken.

Rautenmuster:
Maschenzahl teilbar durch 12 + 17. Ränder und Randmaschen werden in der Anleitung beschrieben. Das Muster in Hin- und Rückreihen nach Strickschrift arbeiten. Dort sind nur die Hinreihen notiert.

In den HinR mit den 8 M vor dem linken Pfeil beginnen, den Rapport von 12 M stets wiederholen und mit den 9 M nach dem linken Pfeil enden.
In den RückR alle M und Umschläge links stricken. Alle übrigen M stricken, wie in der Anleitung beschrieben.

Die 1. – 20. Reihe stets wiederholen.

Maschenprobe:
20 Maschen und 28 Reihen = 10 cm x 10 cm.

So wird's gemacht

111 Maschen aufstricken (s. a. Seite 11) und 40 Reihen kraus rechts stricken.

In der nächsten HinR die M wie folgt einteilen: 5 M kraus rechts, 101 M nach Strickschrift arbeiten, dabei mit den 8 M vor dem rechten Pfeil beginnen, den Rapport von 12 M zwischen den Pfeilen 7x arbeiten und mit den 9 M nach dem linken Pfeil enden, 5 M kraus rechts. In den RückR die ersten 5 M und die letzten 5 M stets rechts, alle übrigen M links stricken.
In dieser Einteilung 100 R (= 5x die 1. - 20. Reihe des Rautenmusters) stricken.

Zum Abschluss wieder 40 Reihen kraus rechts stricken, dann alle Maschen elastisch abketten.

Fertigstellung: Das Rechteck waschen und spannen. Alle Fäden vernähen. Anschlag- und Abkettkante rechts auf rechts aufeinanderlegen und an beiden Seiten für die Ärmelöffnungen jeweils über die Breite des kraus rechten Streifens die Nähte schließen.

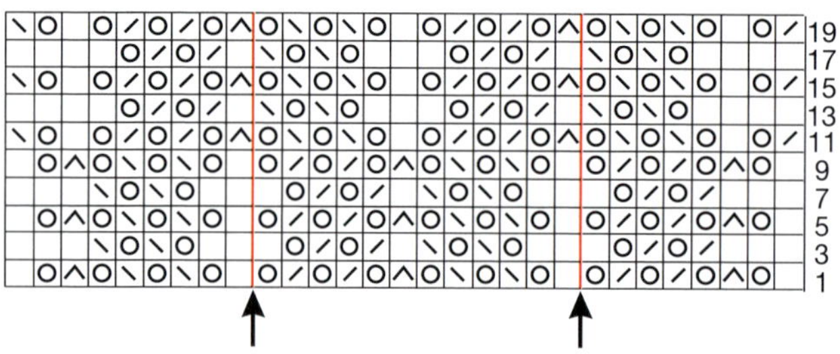

Zeichenerklärung:

- ⟍ = 1 einfacher Überzug
- ⟋ = 2 Maschen rechts zusammen
- ⋀ = 1 doppelter Überzug
- ◯ = 1 Umschlag
- ☐ = 1 Masche rechts

TIPP
10 Maschenmarkierer erleichtern das Stricken dieses Shrugs, um damit Rapport- und Musterübergänge zu kennzeichnen.

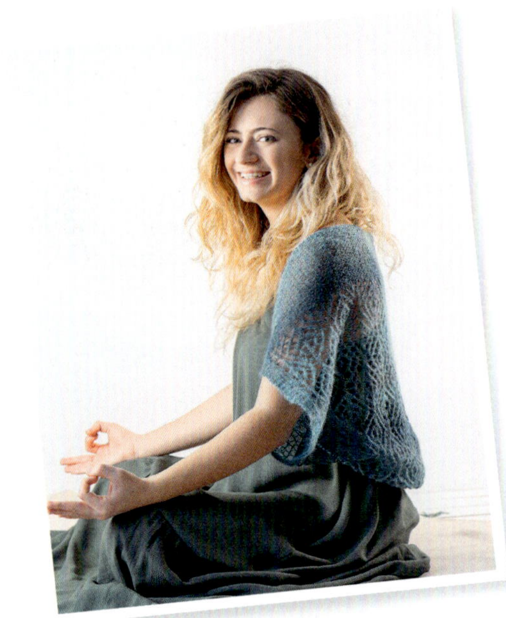

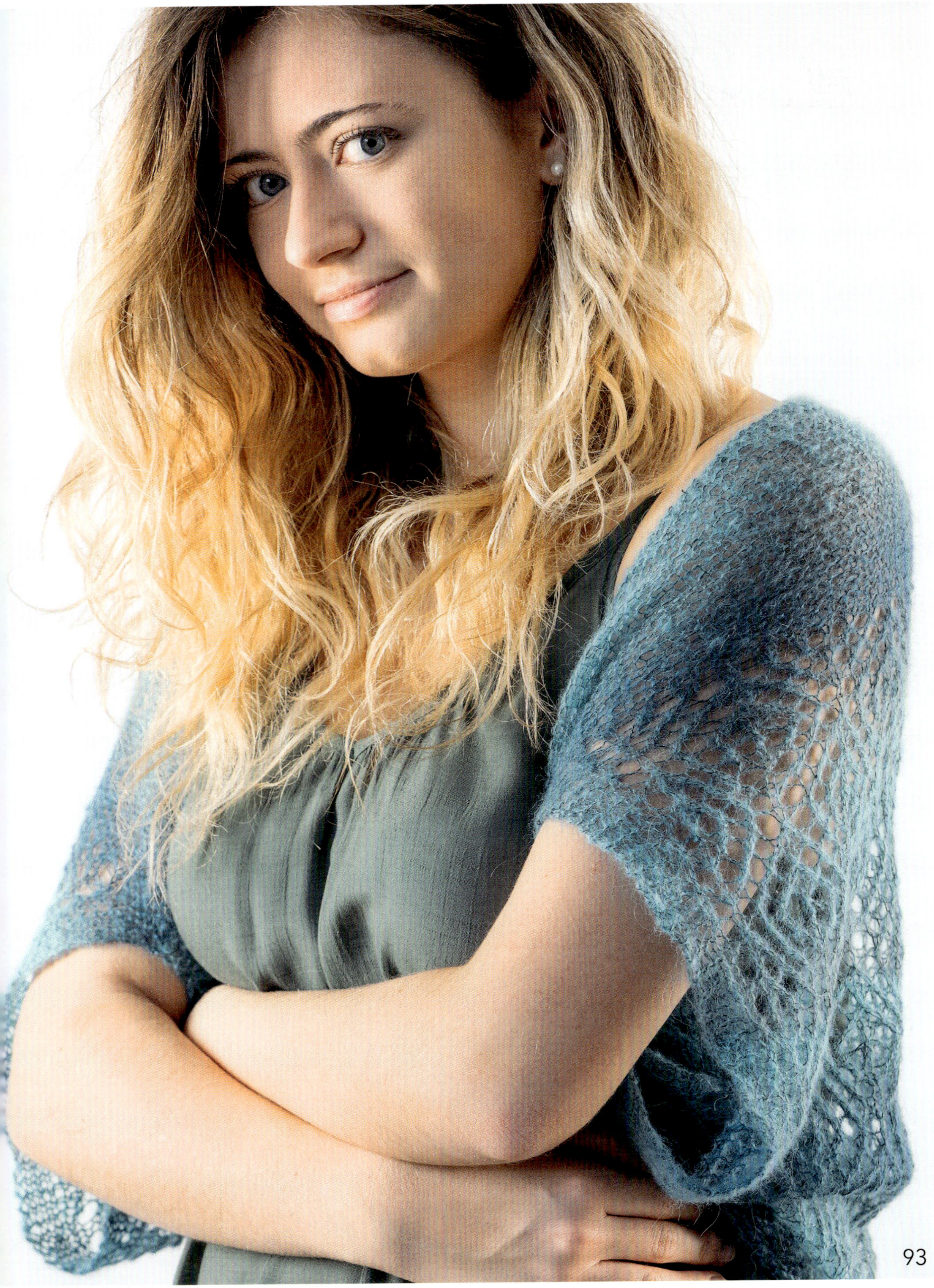

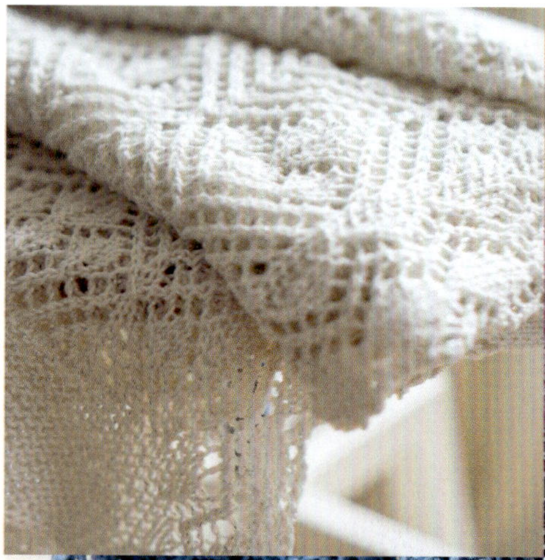
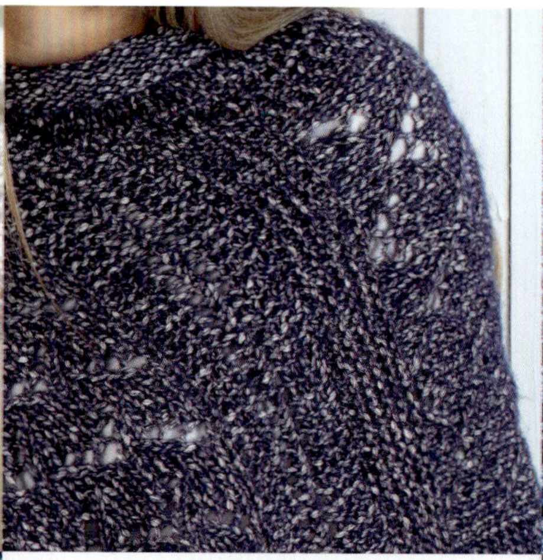
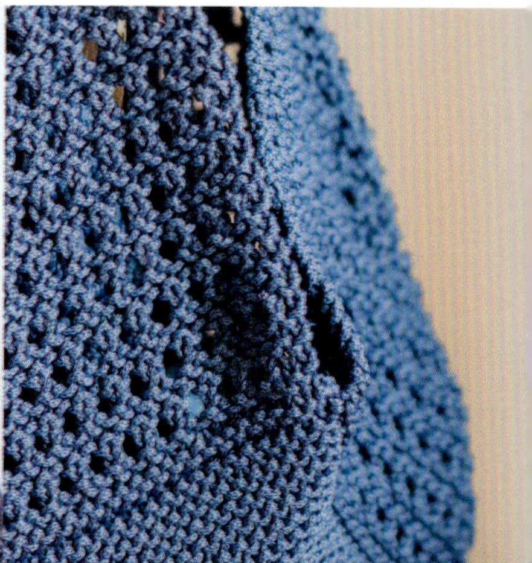
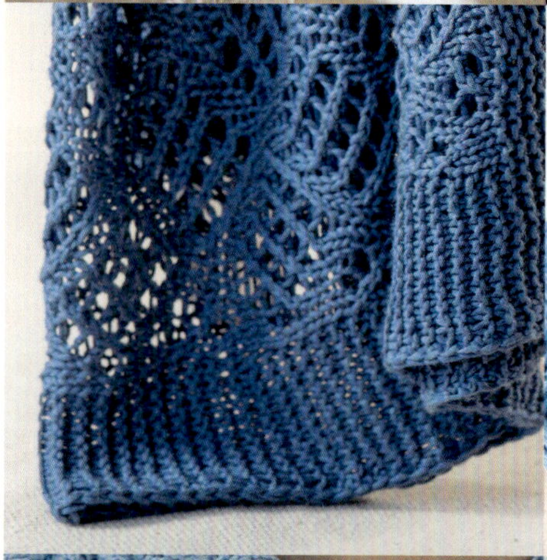
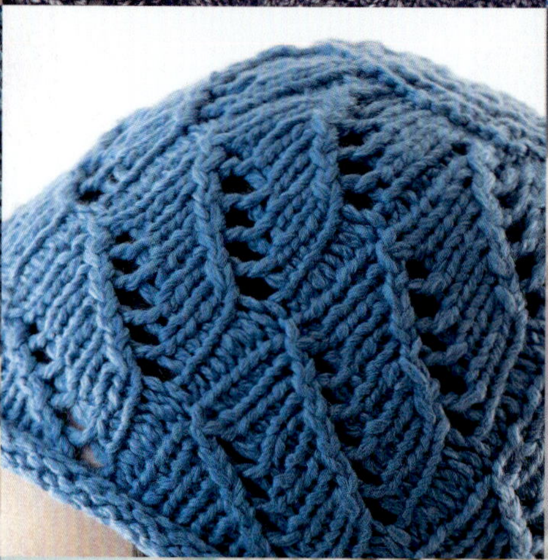
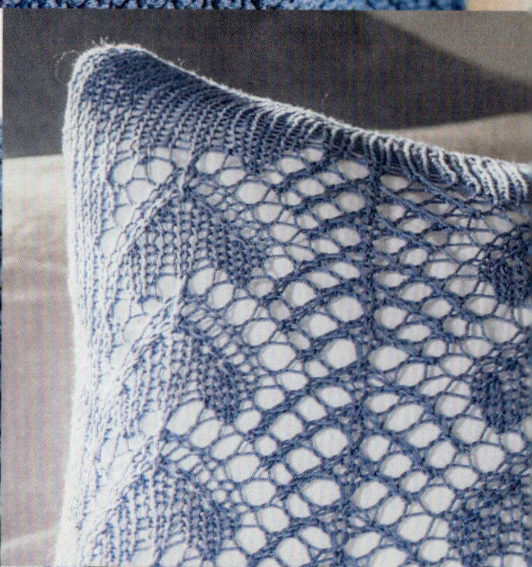
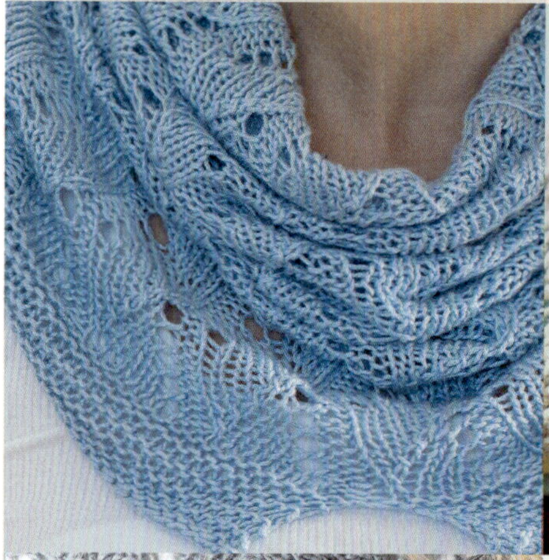
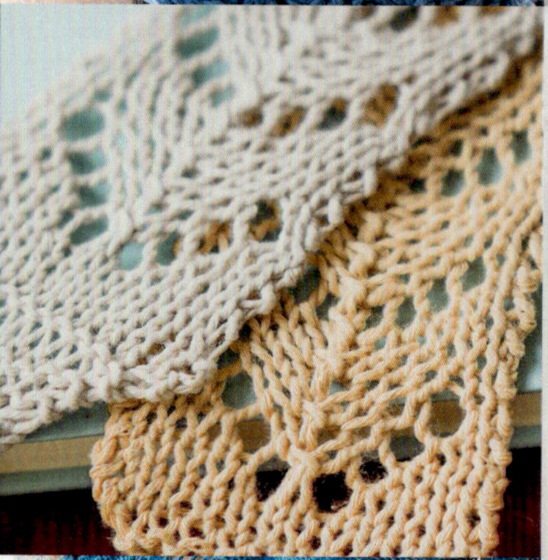
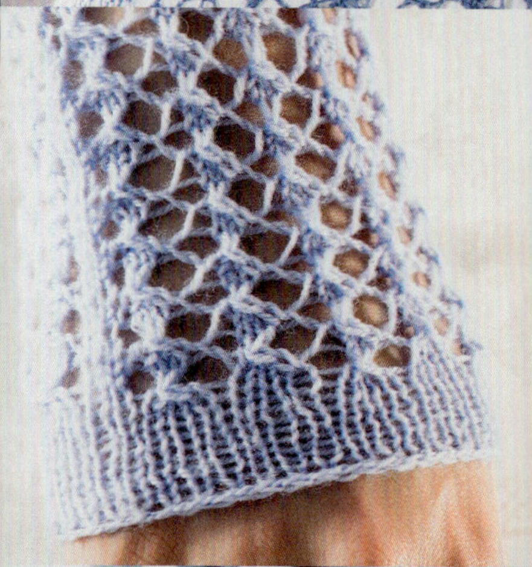
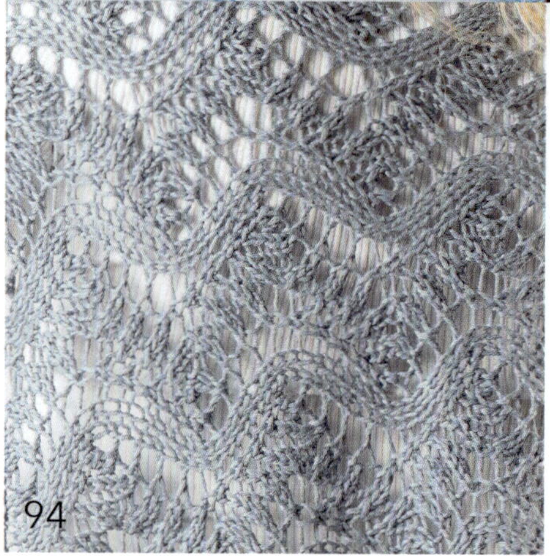
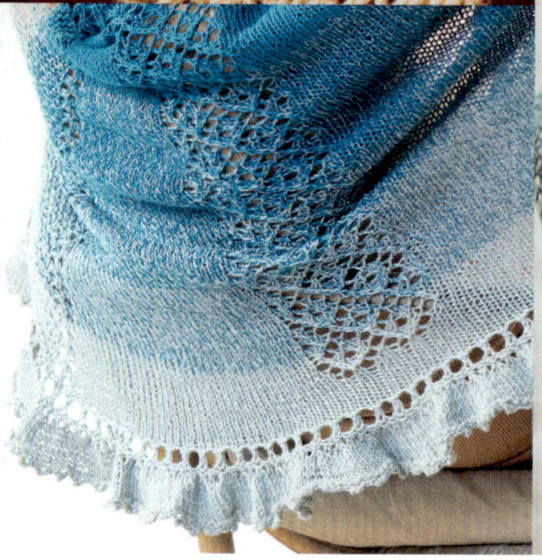
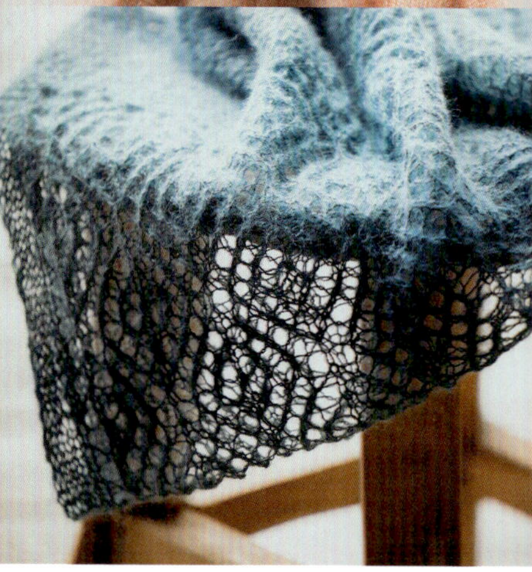

Ebenfalls erhältlich ...

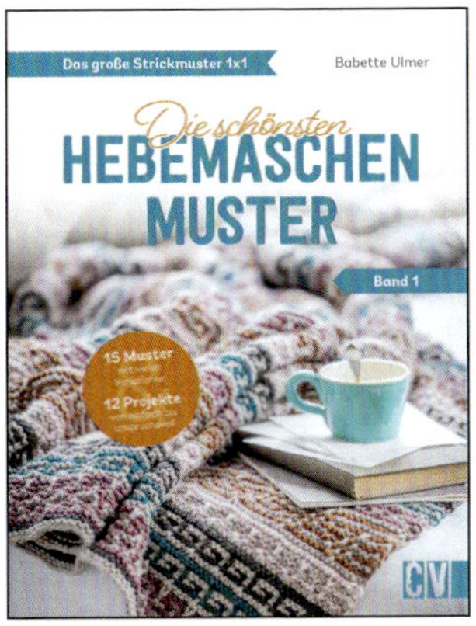

ISBN 978-3-8410-6640-4

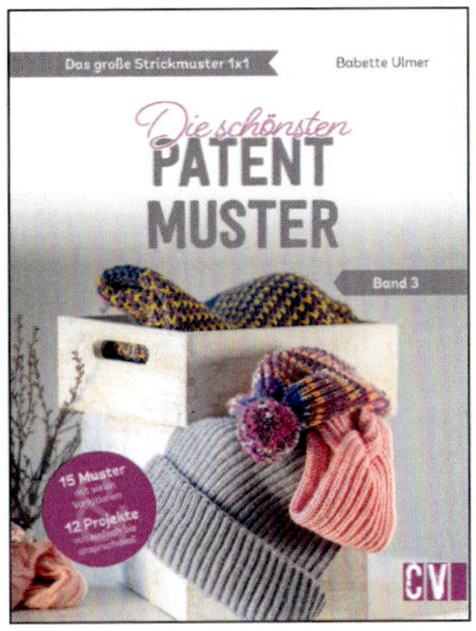

ISBN 978-3-8410-6671-8

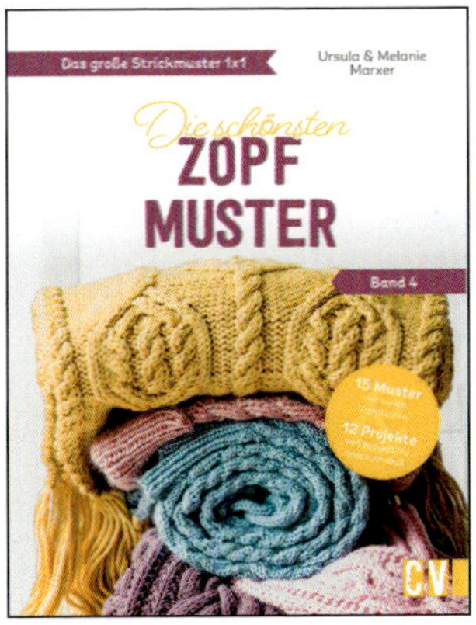

ISBN 978-3-8410-6670-1

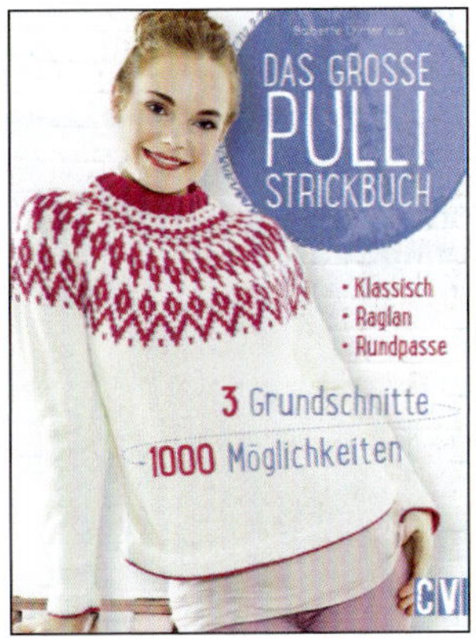

ISBN 978-3-8410-6467-7

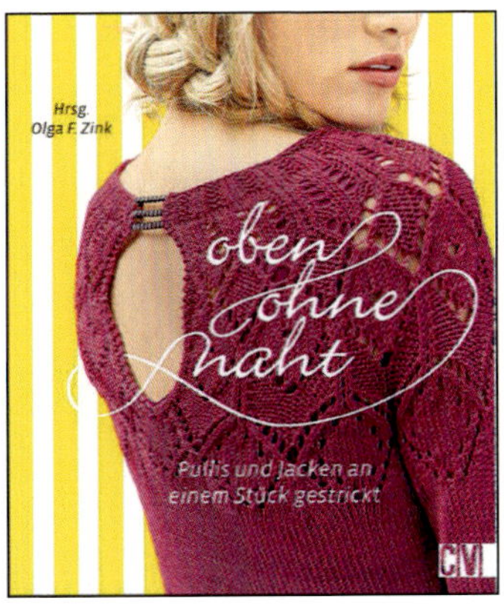

ISBN 978-3-8410-6544-5

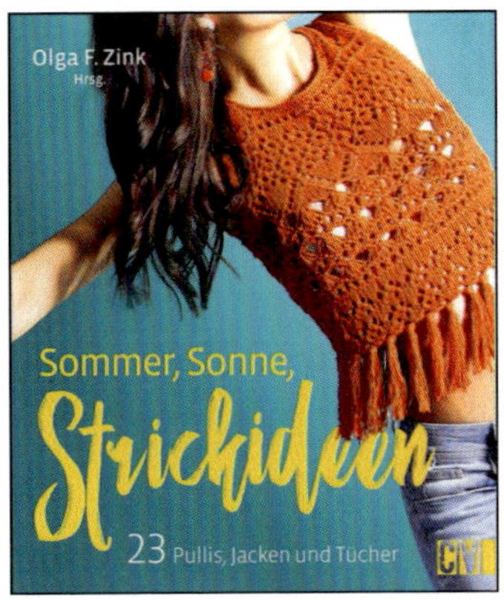

ISBN 978-3-8410-6542-1

www.christophorus-verlag.de

Impressum

Autorin: Ines Kollwitz
Realisation: Helgrid van Impelen
Fotos & Styling: Anne Schulz
Produktmanagement extern:
Stephanie van der Linden
Lektorat: Stephanie van der Linden
Korrektorat: Anna Maier
Umschlaggestaltung:Regina Degenkolbe
Layout-Konzept und Satz: Ina Mielkau
Repro: LUDWIG:media
Herstellung: Kathleen Baumann
Printed in Slovakia by Neografia

★★★★★

Sind Sie mit diesem Titel zufrieden? Dann würden wir uns über Ihre Weiterempfehlung freuen. Erzählen Sie es im Freundeskreis, berichten Sie Ihrem Buchhändler oder bewerten Sie beim Onlinekauf.
Und wenn Sie Kritik, Korrekturen oder Aktualisierungen haben, freuen wir uns über Ihre Nachricht an Christophorus Verlag, Postfach 40 02 09, 80702 München oder per E-Mail an lektorat@verlagshaus.de.

Unser komplettes Programm finden Sie unter

www.christophorus-verlag.de

Wir danken folgenden Herstellern & Sponsoren: Addi Nadeln https://www.addi.de/; Austermann https://www.schoeller-wolle.de/; Buttinette, www.buttinette.de; ggh, https://www.ggh-garn.de/; Pony Needles https://www.ponyneedles-europe.de/index.php/de/; Lana Grossa https://www.lana-grossa.de/; Rayher https://www.rayher.com/de/; Schachenmayr, www.schachenmayr.com; Woolly Hugs https://veronika-hug.com/

Die Deutsche Nationalbibliothek verzeichnet diese Publikation in der Deutschen Nationalbibliografie; detaillierte bibliografische Daten sind im Internet über http://dnb.d-nb.de abrufbar.

ISBN 978-3-8410-6623-7

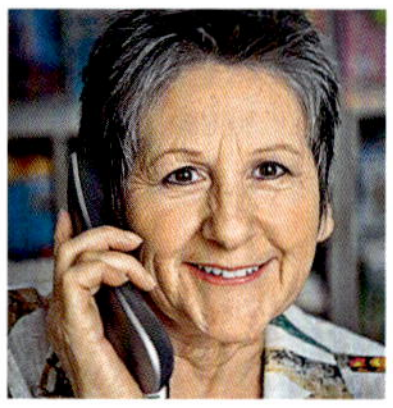

Kreativ-Service

Sie haben Fragen zu den Büchern und Materialien? Frau Erika Noll ist für Sie da und berät Sie rund um alle Kreativthemen. Rufen Sie an! Wir interessieren uns auch für Ihre eigenen Ideen und Anregungen. Sie erreichen Frau Noll per E-Mail: **kreativ-service@c-verlag.de** oder Tel.: **+49 (0) 89 - 13 06 99-577.**

Besuchen Sie uns im Internet: www.christophorus-verlag.de